KB123863

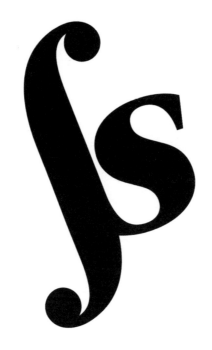

forScore
turbocharge your sheet music

최이진 지음

노하우
도서출판

최이진의

forScore

초판 발행 2024년 6월 26일

지은이 최이진

펴낸곳 도서출판 노하우
기획 현음뮤직
진행 노하우
편집 덕디자인

주소 서울시 관악구 행운동 100-339
전화 02)888-0991
팩스 02)871-0995

등록번호 제320-2008-6호
홈페이지 hyuneum.com

ISBN 978-89-94404-59-2
값 22,000원

인생을 바꾸는 한 권의 책

멀티 출판 부문 1위!
독자 여러분! 고맙습니다.

세상을 살다 보면
차라리 죽고만 싶을 만큼
힘들고, 괴로울 때가 있습니다.

하지만, 누가 봐도
힘들고, 괴로워 보이는 사람들은
오히려 그 속에서 피와 땀을 흘려가며
가슴속 깊이 전해지는 감동을 만들어냅니다.

도서출판 노하우는
힘들게 공부하는 사람들과
함께하는 작은 디딤돌이 되겠습니다.

힘들고, 괴로울 때
내가 세상의 빛이 될 수 있다는
꿈과 희망을 품고 열심히 공부하세요
멈추지 않는다면, 꿈은 반드시 이루어집니다.

그 곁에 도서출판 노하우가 함께 하겠습니다

고맙습니다.

CONTENTS

forScore

PART 1

시작하기

PART 2

악보 추가

PART 3

악보 편집

더 보기

PART 4

forScore의 모든 기능을 수행하는 컨트롤 바는 화면 중앙을 탭하여 열 수 있으며, 왼쪽에는 스코어, 북마크, 연주목록, 서비스 버튼이 있습니다. 여기서 서비스 버튼은 화면이 작은 경우 표시되지 않을 수 있으며, 버튼을 누르고 있으면 열리는 메뉴를 이용하여 역할을 변경할 수 있습니다.

제목 표시줄 양쪽에는 옵션과 메뉴 버튼이 있습니다.

오른쪽에는 주석, 검색, 메트로놈, 도구 버튼이 있습니다. 여기서 주석 버튼은 화면이 작은 경우 표시되지 않을 수 있으며, 버튼을 누르고 있으면 열리는 메뉴를 이용하여 역할을 변경할 수 있습니다.

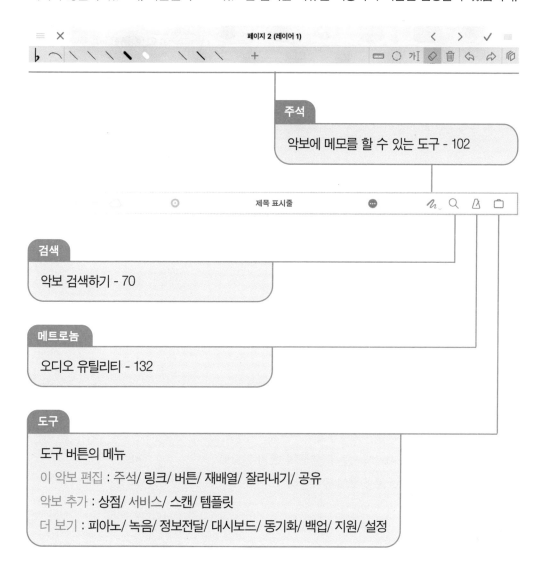

주석
악보에 메모를 할 수 있는 도구 - 102

검색
악보 검색하기 - 70

메트로놈
오디오 유틸리티 - 132

도구
도구 버튼의 메뉴
이 악보 편집 : 주석/ 링크/ 버튼/ 재배열/ 잘라내기/ 공유
악보 추가 : 상점/ 서비스/ 스캔/ 템플릿
더 보기 : 피아노/ 녹음/ 정보전달/ 대시보드/ 동기화/ 백업/ 지원/ 설정

프로 버전
프로 버전의 추가 기능 - 202

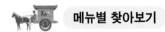
메뉴별 찾아보기

도구 버튼를 사용하면 forScore의 다양한 기능에 빠르게 액세스할 수 있습니다.

○   제목 표시줄   ···   ✎ 🔍 △ ◻

〈이 악보 편집〉

주석 : 손가락 또는 애플 펜슬을 사용하여 메모를 하거나 스탬프 및 모양 도구를 사용하여 음악 기호를 추가합니다.

링크 : 현재 악보에 링크를 생성하여 도돌이, 달세뇨, 코다 등의 반복 기호를 처리합니다.

버튼 : 탭할 수 있는 원을 페이지에 배치하여 특정 작업을 실행합니다.

재배열 : 페이지를 이동, 복제, 회전 또는 삭제하고 악보를 분할하거나 병합합니다.

잘라내기 : 비뚤어진 스캔을 수정하고, 과도한 여백을 제거하고, 각 페이지를 최대한 잘 볼 수 있도록 합니다.

공유 : 악보를 인쇄하고, 기기에 있는 다른 PDF 호환 앱으로 보내거나, 이메일, AirDrop 등을 통해 공유합니다.

〈악보 추가〉

상점 : 인앱 구매 스토어에서 새로운 게임을 발견하고, 인기 있는 액세서리를 찾고, forScore의 최신 기능에 대해 자세히 알아볼 수 있습니다.

이 악보 편집

✎ 주석

🔗 링크

⬆ 버튼

⣿ 재배열

⌐ 잘라내기

⬆ 공유

악보 추가

🛍 상점

☁ 서비스

📷 스캔

🗎 템플릿

더 보기

🎹 피아노

🎤 녹음

📲 정보전달

ⓘ 대시보드

🔄 동기화

🕐 백업

❓ 지원

🎚 설정

서비스 : 파일을 라이브러리에 다운로드하거나 클라우드에 저장하여 안전하게 보관하고 쉽게 액세스할 수 있습니다.

스캔 : 사진 라이브러리에 있는 이미지에서 PDF를 생성하거나 내장된 카메라를 사용하여 종이 악보를 PDF 파일로 변환합니다.

〈더 보기〉
템플릿 : 스타일과 페이지 수를 선택하여 새 PDF 파일을 만듭니다.

피아노 : 키보드를 사용하여 언제 어디서든 악보를 연주해 볼 수 있습니다.

녹음 : 연습 세션을 검토하거나 공유합니다.

정보전달 : 페이지 전환 또는 프로그램 변경 사항을 방송하거나 독립형 Cue 앱으로 듀얼 페이지 모드 및 최대 15개의 장치를 제어합니다.

대시보드 : 지금까지 플레이한 내용을 확인하고 목표를 설정하고 보고서를 보내거나 진행 상황을 공유합니다.

동기화 : iCloud 계정을 사용하여 모든 장치에서 콘텐츠를 최신 상태로 유지하도록 forScore를 구성합니다.

백업 : 라이브러리 백업 및 아카이브 생성 또는 최근 삭제된 항목을 복원합니다.

지원 : forScore에 대해 자세히 알아보고, 사용 중인 버전을 확인하고, 라이브러리 통계를 보거나 제작사 서비스를 받을 수 있습니다.

설정 : forScore 환경을 사용자 스타일에 맞게 변경합니다.

forScore

turbocharge your sheet music

시작하기

★LESSON★ 01 | 아이패드와 액세서리

❶ 아이패드 선택하기

2023년 5월 24일, 아이패드용 Final Cut Pro와 Logic Pro가 출시되었습니다. 아이패드 하나로 프로 영상 편집과 음악 작업을 수행할 수 있게 되면서 더 이상 맥의 보조 장치가 아니라 맥과 아이패드 중에서 고민하게 만드는 선택지가 된 것입니다.

아이패드는 기본형(iPad), 에어(iPad Air), 프로(iPad Pro), 미니(iPad mini)의 4가지 라인업으로 판매되고 있지만, 실제로 고민이 되는 제품은 에어와 프로 두 가지입니다. 악보를 보는 것이 목적이라면 가장 저렴한 기본형도 넘치는 성능이지만 종이 악보 크기 그대로 또는 두 페이지를 동시에 보려면 13인치가 유리하기 때문입니다.

들고 다닐 것을 고려하여 11인치를 선택할 것인지, 커다란 시야 확보를 위해 13인치를 선택할 것인지, 가성비를 생각하여 에어를 선택할 것인지, 좀 더 다양한 작업을 위해 프로를 선택할 것인지는 개인마다 다르기 때문에 특정 제품을 권하기는 어렵습니다. 다만, 각 제품의 특성을 살펴보면 자신에게 어울리는 제품을 선택하는데 도움이 될 것입니다. 이미 제품을 가지고 있는 경우라면 이번 챕터는 넘어가도 좋습니다.

iPad Pro

iPad Air

iPad

iPad mini

● iPad

애플 스토어 기준 529,000원(64GB)의 가장 저렴한 제품입니다. 하지만 애플 펜슬 2세대 및 프로를 지원하지 않고, 디스플레이에 라미네이팅 처리가 되어 있지도 않은 것에 비해 상당히 비싸다는 비판과 함께 시장에서 철저히 외면당하고 있는 제품이기도 합니다. 결국 가격을 내렸지만, 여전히 권장하기 어려운 제품입니다. 그러나 가장 저렴한 비용으로 아이패드를 사용하고 싶은 입문자에게는 선택의 여지가 없기도 합니다.

● iPad Mini

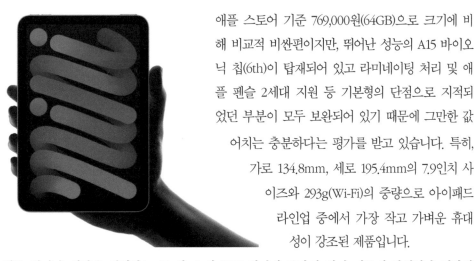

애플 스토어 기준 769,000원(64GB)으로 크기에 비해 비교적 비싼편이지만, 뛰어난 성능의 A15 바이오닉 칩(6th)이 탑재되어 있고 라미네이팅 처리 및 애플 펜슬 2세대 지원 등 기본형의 단점으로 지적되었던 부분이 모두 보완되어 있기 때문에 그만한 값어치는 충분하다는 평가를 받고 있습니다. 특히, 가로 134.8mm, 세로 195.4mm의 7.9인치 사이즈와 293g(Wi-Fi)의 중량으로 아이패드 라인업 중에서 가장 작고 가벼운 휴대성이 강조된 제품입니다.

책을 읽거나 영상을 시청하는 등 한 손에 들고 있기에 부담이 없기 때문에 학생이나 직장인들에게 인기가 있는 제품이며, 영화 및 게임 등의 나래이션 작업이 많은 성우들은 프로보다 가격이 비싸도 미니를 선택한다고 할 만큼 사용 목적이 뚜렷한 제품입니다. 이처럼 아이패드 미니는 한 손으로 들고 작업할 일이 많은 경우이거나 13인치를 가지고 있으면서 휴대용으로 한 대 더 필요한 경우에 많이 찾는 모델입니다. 하지만 악보를 보는 것이 목적인 연주인이 단독으로 사용하기에는 불편하기 때문에 그리 권장되는 모델은 아닙니다. 특히, 폴드형 아이폰이 출시되면 애매해지는 라인업이기도 합니다.

● iPad Air

애플 스토어 기준 899,000원(11형-128GB)으로 가장 인기가 많은 제품입니다. 실제로 인터넷 쇼핑몰에서 최저가로 검색하면 80만원 초반으로 구매가 가능하기 때문에 애플 펜슬과 스마트 플로어 액세서리까지 100만원으로 모두 갖출 수 있습니다.

성능만 보면 30%도 활용하지 못할 정도로 넘치는 스펙이기 때문에 에어 라인도 과소비라는 시선이 있기도 했지만, 아이패드용 파이널 컷 프로와 로직 프로가 출시된 이후로 프로 라인과 가장 고민되는 제품입니다.

특히, 음악 작업을 하는 사람들이 가장 큰 고민을 합니다. 영상 및 그래픽 작업을 하는 경우에는 조금 무리를 해서라도 프로를 선택하는 것이 현명할 수 있지만, 고해상도 디스플레이도 필요 없고, 서드파티 플러그인도 부족한 환경에서 작업을 진행하는 뮤지션에게는 에어만으로도 충분하기 때문입니다. 다만, 다양한 음악 장비를 연결할 수 있는 썬더볼트 및 USB4의 지원 여부와 4개의 스피커로 모니터할 수 있다는 부분은 고민이 될 수 있습니다. 하지만, 아이패드를 사용하는 주요 목적이 악보를 보는 것이고, 음악 작업은 스케치 정도라면 에어 13인치가 가장 좋습니다. 프로 라인의 13인치와 비교하면 거의 절반 가격이며, 악보를 보고 음악을 스케치하는 용도로 더 이상의 성능은 필요 없기 때문입니다.

● iPad Pro

애플 스토어 기준 1,499,00원(11형-256GB)으로 아이패드 라인 중에서 가장 비싸고 가장 성능이 좋은 라인업입니다. 이름 그대로 프로들을 위한 제품으로 11인치와 13인치의 두 가지 모델로 판매되고 있습니다. 대부분의 유저들은 실무자가 아니라면 과한 소비라고 지적하는 제품입니다. 13인치를 선택하게 되면 애플 스토어 기준으로 1,999,000에 선뜻 구매하기 어려운 가격이 됩니다. 차라리 이 보다 저렴한 맥북 에어나 비슷한 가격대의 맥북 프로를 선택하는 것이 현명하다는 의견이 지배적입니다.

하지만 맥북과 아이패드는 목적이 다른 기기이기 때문에 둘 사이에서 고민할 필요는 없습니다. 악보를 가지고 다니며 보면대에 올려 놓고 공연을 해야 하는 연주자에게 아이패드는 필수품이기 때문에 맥북과 별개로 갖추고 있어야 하는 장치입니다.

다만, 프로 라인은 악보 외에 Logic Pro를 이용해서 음악 작업을 해볼 계획이거나 음악 교육 영상 제작을 위해 Final Cut Pro를 다룰 필요가 있는 경우에만 고려해볼 수 있는 제품입니다. 물론, 두 가지 모두 에어로도 가능한 작업이지만, 음악 및 영상 또는 그래픽 디자인 등의 프로 작업이 필요한 경우에는 조금 무리가 되더라도 프로를 선택해야 후회하지 않습니다.

애플은 배보다 배꼽이 더 크다는 악평이 있습니다. 아이패드 역시 액세서리를 모두 구입하면 본체 보다 큰 비용이 지출됩니다. 그래서 자신에게 꼭 필요한 제품이 어떤 것인지 확실히 알아보고 결정할 필요가 있습니다. 필요하다면 서드파티 제품을 이용해도 좋습니다.

● 애플 펜슬

학생이 아니더라도 악보에 메모를 할 일은 너무나도 많습니다. 그래서 애플 펜슬은 아이패드와 함께 구매해야 하는 필수 액세서리입니다. 대부분 아이패드를 에어와 프로 모델에서 고민을 하기 때문에 크게 신경 쓸 부분은 아니지만, 무선 페어링 및 충전 기능을 지원하는 애플 펜슬 2세대 및 프로는 아이패드 기본형 라인을 지원하지 않는다는 것에 주의합니다.

● 키보드

아이패드용 키보드는 프로 및 에어 모델을 위한 매직 키보드와 기본형을 위한 매직 키보드 폴리오, 그리고 트랙 패드가 빠진 스마트 키보드 및 폴리오가 있습니다. 타이핑할 일이 많은 유저에게는 필요하겠지만, 연주자에게는 거의 필요 없어 보이는 액세서리입니다.

▲ Magic Keyboard/Folio

▲ Smart Keyboard/Folio

● 폴리오

아이패드의 스크래치를 예방하기 위한 커버입니다. 애플 정품은 너무 비싸고, 펜슬 수납이 되지 않기 때문에 대부분 서드파티 제품을 사용하는 편입니다. 값비싼 아이패드를 보호해줄 최소한의 조치이므로 하나쯤 구입하는 것이 좋습니다. 아이폰과 마찬가지로 하드 케이스 타입, 커버 분리 타입 등 다양한 제품이 있으므로 취향에 맞게 구입합니다.

● 에어팟

무선 이어폰(AirPods)과 헤드폰(Max)이 있습니다. 애플 제품은 가격만큼의 성능을 갖추고 있다는 평가를 받고 있지만, 음악 작업용으로는 적합하지 않습니다. 다만, forScore의 제스처 기능을 사용할 때 있으면 좋습니다. forScore의 제스처 기능은 AirPods이 없어도 사용할 수 있지만, 움직임이 많은 공연장에서는 오히려 불편하기 때문에 AirPods으로 연동하는 경우가 많습니다. (AirPods 3, AirPods Pro 또는 AirPods Max)

AirPods

● 보면대

아이패드를 기존에 사용하던 종이 악보 보면대에 올려놓아도 상관없습니다. 단, 버스킹 및 행사 등 연주 장소가 자주 바뀌는 경우라면 들고 다니기 편하고 흔들림이 없는 전용 거치대를 사용하는 것이 좋습니다. 다행히 아이패드용 보면대는 그리 비싸지 않으므로 공연 장소가 자주 바뀌는 연주자라면 구입을 고려해보는 것이 좋습니다.

● 멀티 허브

휴대용, 서브 등으로 취급하는 아이패드지만, 맥북 대신 아이패드 프로를 메인으로 사용하는 경우도 있습니다. 이때 모니터를 비롯하여 오디오 인터페이스나 마스터 건반 등의 음악 장비를 연결하려면 반드시 필요한 것이 멀티 허브입니다.

이 밖에 거치대, 보호 필름 등 아이패용 액서서리는 정말 많습니다. 하지만 욕심을 내다보면 본체보다 비용이 더 드는 현상이 발생합니다. 첫 구매자는 아이패드 보호를 위한 케이스와 장치 연결을 위한 멀티 허브, 그리고 가지고 있는 헤드폰이 없다면 녹음을 위한 헤드폰과 젠더 정도만 구매를 하고, 나머지는 작업하면서 필요성이 느껴질 때 구매하는 것이 좋습니다. "있으면 좋겠다"라는 생각으로 구매를 하면 대부분 후회합니다.

③ 페이지 터너

forScore는 터치로 페이지를 넘길 수 있지만, 양손을 사용하는 연주자에게는 의미 없는 기능입니다. 공연장에서 사용하기 위해서는 머리를 돌리거나 윙크 및 입술을 움직이는 얼굴 제스처를 사용하여 페이지를 넘길 수 있는 forSocore Pro로 업그레이드를 하거나 AirPods 또는 발 페달로 페이지를 넘길 수 있는 페이지 터너라는 장치가 필요합니다.

| AirTurn | PageFlip | iRig BlueTurn |

페이지 터너는 PageFlip, AirTurn, IKMultimedia 등 forScore 협력사에서 출시하고 있는 제품외에도 인터넷 쇼핑몰을 검색하면 좀 더 저렴한 다양한 제품들이 있습니다. 가격에 따라 성능차가 있는 것은 아니므로, 자신의 마음에 드는 디자인을 보고 선택하면 됩니다. 장치는 아이패드의 ❶ Bluetooth 설정에서 ❷ 기능을 활성화하고, 다른 기기 항목에 검색된 ❸ 장치를 선택하면 됩니다. 페이지 터너에서 블루투스 페어링 활성화 방법은 제품마다 차이가 있으므로 제품 설명서를 참조합니다.

02 forScore에 관하여
★LESSON★

❶ forScore 기능

forScore는 iPadOS 15 이상을 실행하는 iPad, iOS 15 이상을 실행하는 iPhone, macOS 12 이상을 실행하는 Mac, 모든 버전의 OS를 실행하는 Vision Pro 등의 Apple 기기에서 사용할 수 있는 악보 관리 앱입니다. 두꺼운 악보 파일을 몇 권씩 들고 다닐 필요도 없고, 공연에 필요한 곡을 빠르게 찾아 정리할 수 있고, 주석을 달고 동료들과 공유하는 등 디지털 악보를 사용하는 이유는 너무나도 많습니다. 이미 오래전부터 연주자들 사이에서는 반드시 갖춰야 할 필수 앱으로 잘 알려져 있기 때문에 긴 말은 필요 없을 듯합니다.

다만, 본서를 읽는 독자는 forScore 사용이 처음인 입문자이거나 유명하다고 해서 쓰고는 있지만, 자세한 활용법을 몰라서 효율적으로 사용하고 있지 못하는 경우일 것이므로, forScore에서 어떤 기능들을 제공하고, 어떻게 활용할 수 있는지를 안내하고 있는 소개 글을 살펴보는 것부터 시작하겠습니다.

● 악보 라이브러리

forScore는 PDF 및 이미지 또는 종이 악보를 보관하고 간편하게 들고 다니며 언제 어디서든 쉽고 빠르게 찾아볼 수 있는 악보 관리 앱입니다.
작곡가, 장르 및 키와 같은 메타데이터를 사용하여 악보를 정렬하고 검색할 수 있으며, 항상 최신 상태를 유지할 수 있습니다.
메일 또는 사파리와 같은 앱을 통해 악보를 가져오고, iCloud 동기화를 통해 맥북, 아이패드, 아이폰, 비전프로 등의 모든 애플 기기에서 액세스할 수 있습니다.

● 메타 데이터

악보에 제목, 작곡가, 장르, 키워드, 레이블, 식
별자, 점수, 난이도, 시간, 키 등을 입력하여
체계적으로 관리 및 검색이 가능합니다.
여러 악보를 한 번에 일괄적으로 편집하고,
표준 PDF 메타데이터를 가져올 수도 있습니
다. 파일에 기록된 여러 속성을 라이브러리,
북마크, 연주목록 등에서 동시에 사용할 수
있으며, 교재 및 긴 곡에서 필요한 페이지를
바로 찾아 열어볼 수 있습니다.

● 오디오 트랙

오디오 파일을 각 악보와 연결하여 백킹 트랙과 함께 재생할 수 있습니다. 속도나 피치를 독립
적으로 조정하고, 특정 섹션을 반복하거나 노래의 특정 지점에서 자동으로 페이지를 넘길 수
도 있습니다. 연습 및 교육 현장에서 더 없이 좋은 기능입니다.

● 악보 리더

악보 보기 앱 중에서 가장 빠른 페이지 전환으로 중단 없는 보기가 가능합니다. 가로 모드에
서 두 페이지를 동시에 볼 수 있고, 세로 모드에서 한 페이지의 아래쪽 절반과 다음 페이지의
위쪽 절반을 동시에 볼 수 있는 반 페이지 넘김 기능도 제공합니다. 터치 및 윙크로 페이지를
넘길 수 있고, 필요하다면 PageFlip, AirTurn, IKMultimedia사의 Bluetooth 페이지 터너를 사
용하여 발 페달로 페이지를 넘길 수 있습니다. 또한 도돌이, 달세뇨, 코다 등의 반복 기호 위치
를 지정하여 연주 위치로 정확하게 이동할 수 있습니다.

● 무료 악보

인터넷에 널려 있는 모든 악보를 터치 한 번으로 담을 수 있습니다. 클래식 악보의 대부분은 무료이기 때문에 전세계 다양한 출판 악보를 모두 내 아이패드에 담아 관리할 수 있는 것입니다. 또한 forScore 자체적으로 운영되는 상점과 Musicnotes, Noteflight, Virtual Sheet Music 등의 협력업체에서 제공하는 서비스를 이용하여 라이센스가 해결된 고품질 악보를 매우 저렴하게 구할 수 있습니다.

● 자동 스캔

그 동안 자리를 차지하고 있던 종이 악보를 아이패드에 담으려면 스캔 작업이 필요합니다. forScore는 종이 악보를 자동으로 인식하여 PDF 파일로 만들어주는 스캔 기능을 제공합니다. 사용자는 그저 책을 들고 넘겨주기만 하면 됩니다. 또한 각 페이지를 미세하게 편집할 수 있는 레이아웃 기능을 제공하여 최상의 결과물을 만들 수 있습니다.

● 주석

손가락 또는 애플 펜슬로 악보에 주석을 달 수 있습니다. 사용자 정의 가능한 사전 설정을 무제한으로 사용하고, 고유한 스탬프 기능을 사용하여 악보 기호를 배치하고, 선택 도구를 사용하여 쉽게 조정할 수 있습니다. 일부 메모를 편집 가능한 텍스트로 입력하거나 애플 펜슬로 휘갈겨 쓰는 글자를 텍스트로 변환할 수 있습니다. 레이어, 실행 취소, 다시 실행, 슬러 및 크레센도와 같은 기호 등 종이에 쓰는 것과 동일한 경험이 가능합니다.

● 연주목록

라이브러리의 자동 구성은 대부분의 경우 훌륭하지만 실제 연주 무대에서는 연주목록이 더 유용한 도구입니다. 필요한 경우 목록에 항목을 두 번 이상 추가하고 제대로 보일 때까지 다시 정렬하고, 재생을 시작할 작품을 선택하면 해당 파일내에서 뿐만 아니라 파일 간에도 페이지를 넘길 수 있습니다.

연주목록을 원래 순서로 보고 재생할 수 있으며, 알파벳순, 최근 재생순 또는 셔플순으로 정렬할 수 있습니다. 알고 있는 내용이 있거나 노래 한 곡을 불러야 하는 경우 연주목록에 자리 표시자를 추가하여 잊어버리지 않도록 할 수도 있습니다.

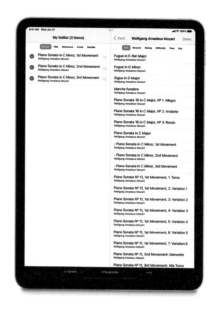

원하는 만큼 연주목록을 생성하고 몇 번의 탭만으로 동료에게 사본을 보낼 수 있으며, 하나의 긴 PDF 파일 또는 간단한 텍스트 목록으로 공유할 수 있습니다.

● 공동 작업

악보와 연주목록을 인쇄하고, 이메일로 보내고, 다른 앱에 복사하고, 아이 클라우드 서비스에 업로드하거나 AirDrop을 통해 근처 forScore 사용자에게 원본 또는 자신만의 주석을 직접 보낼 수 있습니다. 또한 근처 장치를 동기화된 리더 네트워크로 변환하는 Cue 기능으로 리더가 페이지를 넘기고 다른 곡으로 이동하면 다른 모든 사람들도 자동으로 따라가게 할 수 있습니다. 악보가 없는 사람이 있으면 리더의 탭 한 번으로 공유할 수 있습니다.

● 북마크

교재 및 긴 곡의 경우 특정 위치로 빠르게 이동할 수 있게 만드는 북마크 기능을 제공합니다. 단일 페이지에 대한 단순한 참조 그 이상일 수 있지만 하나의 페이지 세트를 forScore 라이브러리 가상 항목으로 변환할 수도 있습니다.

결과는 컬렉션의 다른 파일과 동일하며 악보처럼 연주목록에 추가할 수 있습니다. 또한 자체 메타데이터도 있으므로 평소와 마찬가지로 찾아보거나 검색할 수 있습니다.

PDF 파일에 목차가 있는 경우 항목을 탭하여 해당 페이지로 이동하거나 해당 정보를 사용하여 자동으로 북마크를 생성할 수 있고, CSV 인덱스에서 데이터를 가져올 수도 있습니다.

빠르게 작업할 때 플래그를 사용하면 나중에 다시 돌아올 위치를 알 수 있도록 페이지를 표시할 수 있고, 현재 또는 전체 악보에 대한 플래그를 확인하고 한꺼번에 삭제할 수 있습니다.

● 미디

악보별 명령을 보내 설정을 구성하거나 수신 메시지와 함께 특정 악보를 열 수 있고, 장치의 켜기/끄기 스타일 컨트롤을 눌러 페이지를 넘기거나 다양한 기능을 실행할 수 있습니다. MIDI 컨트롤러가 필요한 경우 forScore는 신디사이저처럼 작동하여 연주할 때 피아노 사운드를 생성할 수 있습니다.

● 드래그 앤 드롭

forScore에 깊이 통합된 드래그 앤 드롭 제스처는 일상적인 작업을 훨씬 더 직접적이고 자연스럽게 만들어 손끝에 더욱 강력한 기능을 제공합니다. 이러한 상호 작용은 forScore의 많은 패널과 보기에 통합되어 수백 가지의 조합과 독특하고 효율적인 작업이 가능합니다.

드래그 앤 드롭은 새로운 기능이 아니라 완전히 새로운 작업 방식입니다. 어떤 모드에 있어야 하는지, 어떤 버튼을 탭해야 하는지 기억하기 위해 멈추게 만드는 대신, 달성하고 싶은 것에 초점을 맞출 수 있습니다.

● 상황별 메뉴

상황에 맞는 메뉴는 썸네일 미리보기, 스와이프 동작, 편집 모드 동작, 드래그 앤 드롭을 하나의 강력한 상호 작용으로 결합합니다. 해당하는 경우 항목의 미리보기와 해당 항목으로 수행할 수 있는 작업 목록을 보려면 길게 탭하기만 하면 됩니다.
악보부터 연주목록, 주석 레이어까지 앱 전체에서 항목을 길게 탭하여 빠르게 살펴보거나 사용 가능한 작업을 확인할 수 있습니다.

● 적응형 캐싱

적응형 캐싱 시스템은 눈에 띄지 않는 백그라운드 기능이지만, 앱의 가장 중요한 부분입니다. 아이패드를 업그레이드할 수는 없지만, 가동 중지 시간을 현명하게 활용하도록 할 수는 있습니다. 악보를 열 때 시스템 리소스에 따라 이전 및 다음 페이지를 최대 20페이지까지 캐싱하여 페이지 넘김 지체 현상이 발생되지 않게 합니다.

● 디스플레이 모드

개인 취향 따른 다양한 디스플레이 모드를 제공합니다. 무대에서 아이패드의 밝은 화면이 보이지 않게 하는 세피아 톤 오버레이, 페이지를 전체 화면에 맞추거나 크기를 조정할 수 있는 기능, 여백을 빠르게 제거하고 화면 공간을 최대한 활용할 수 있는 자르기, 그리고 세로 및 가로 모드를 지원하여 어떠한 환경에서든 최적의 악보 뷰가 가능합니다. 또한 내장된 보조 디스플레이 지원을 통해 한 단계 더 발전시킬 수 있습니다. 기본적으로 두 화면 모두 페이지를 렌더링하므로 페이지 넘김과 스크롤을 완벽하게 동기화하며 각각에 대해 독립적인 표시 옵션을 제공하므로 서로 다른 화면 모드를 사용할 수 있습니다.

● 오디오 유틸리티

메트로놈 및 튜너 등의 다양한 오디오 기능을 제공합니다.

메트로놈   피치   튜너

● 대시보드

연주 실력을 빠르게 개선하는 방법중에 하나는 기록 일지를 작성하는 습관입니다. 대시보드를 사용하면 기록 일지 작성을 자동으로 수행할 수 있어 연습 목표를 설정하고 달성하는데 큰 도움을 받을 수 있습니다. 보고 있는 악보와 연주목록 및 기간에 대한 정보를 수집하고, 일, 주 또는 월의 시간 단위, 기간, 항목, 연주목록 표시 여부 등 특정 기준에 따라 템플릿을 생성하고 PDF 보고서를 생성할 수도 있습니다. 제목 또는 연주목록별로 표시할 수도 있고 모든 내용을 표시할 수도 있습니다. 보고서 템플릿을 설정하면 탭 한 번만으로 PDF를 빠르게 생성하고 동료나 강사와 공유할 수 있습니다.

● 사용자 설정

키보드 단축키, 페이지 넘기기, MIDI 신호, 다양한 제스처, 애플 펜슬의 고유한 더블 탭 기능까지 사용하여 대부분의 forScore 기능과 보기에 액세스할 수 있습니다. 또한 악보를 보는 동안 실행되는 모든 추가 앱 동작을 비활성화하고, 실수로 페이지가 넘어가는 것을 방지하는 성능 모드가 포함되어 있습니다. 이를 통해 오로지 연주에만 집중할 수 있습니다.

앱의 모양, 작동 방식, 작업 방법, 단순하고 명확하게 유지하는 방법 등 가장 작은 아이폰부터 가장 높은 해상도의 맥 디스플레이까지 인터페이스의 모든 부분은 최소 공통 분모를 따르지 않고 조정됩니다. 공간이 있을 때 공간을 활용하고 직관적인 계층 구조를 사용하여 필요할 때 모든 픽셀을 최대한 활용할 수 있습니다.

가로 모드에서 악보를 절반씩 스크롤하여 보거나 큰 화면을 갖춘 장치하면 두 페이지를 나란히 볼 수도 있습니다.

● 멀티태스킹

forScore와 다른 앱을 나란히 사용할 수 있는
분할 보기, 다른 앱으로 이동한 다음 한 순간도
건너뛰지 않고 빠르게 스와이프하여 forScore
로 다시 돌아갈 수 있는 슬라이드 오버, 한 번
에 몇 가지 다른 악보나 북마크를 사용하여 작
업할 때 위치를 잃지 않고 쉽게 전환할 수 있는
탭 등의 멀티 태스킹 기능을 지원합니다.

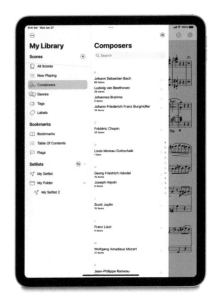

최신 기술과 표준을 사용하여 처음부터 설계된
보조 창은 주석, 두 페이지 모드, 반 페이지 넘
기기, 리플로우 등 기본 앱 창에서 찾을 수 있는
강력한 핵심 기능과 더욱 간소화된 인터페이스
를 결합합니다. 얼굴 제스처, 링크, 버튼, 재배열
및 자르기와 같은 도구에 액세스하거나 전체 읽기 및 쓰기 기능으로 라이브러리를 관리할 수
있습니다. 창은 아이패드에서 끌어서 놓기 동작으로 쉽게 만들 수 있고, macOS에서 기본 탭
동작을 지원하므로 어떤 플랫폼을 사용하든 원하는 모든 것을 찾을 수 있습니다.

iPadOS 16이상에서는 Stage Manager에 대한 완벽한 지원과 외부 디스플레이를 사용하는 동
안 제공되는 확장 데스크탑을 경험할 수 있으며, 메인 창에서는 macOS에서 항상 사용했던
것과 동일한 분할 보기 레이아웃으로 전환할 수도 있습니다. 추가 동작과 인터페이스 요소를
사용자 정의하여 iPad 작업을 데스크톱처럼 사용할 수 있습니다.

라이브러리를 탐색하든, 연주목록을 편집하든, 주석을 추가하는 동안 레이어 작업을 하든
forScore의 Mac 사이드바를 사용하면 더 큰 화면을 최대한 활용할 수 있습니다. 드래그 앤 드
롭, 상황에 맞는 메뉴, 메뉴 막대, 터치 바, 트랙패드 지원과 같은 기타 표준 시스템 기능은 맥
을 사용하는 것과 같은 편안함을 제공합니다.

● 다크 모드

forScore의 작동 방식이 모든 사용자에게 적합하지 않을 수 있지만, 필요한 경우 색상을 변경하고, 전체 화면 메뉴를 사용하고, 링크 및 버튼의 크기를 변경하고, 메트로놈 소리를 바꿀 수 있습니다. 악보를 더 크게 볼 필요가 있을 때 시스템을 자동으로 감지하여 수평 텔레프롬프터처럼 끝에서 끝까지 배치할 수 있는 리플로우 기능도 제공됩니다. 또한 어두운 모드, 밝은 모드를 사용하거나 매일 밤낮으로 시스템이 자동으로 전환되도록 할 수 있습니다.

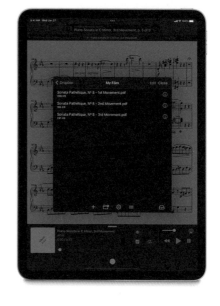

앱의 기본 색상을 사용하든 사용자 정의했든 forScor는 색조를 변경하지 않고 해당 색상의 밝기를 조정하므로 대비를 줄이지 않고 원하는 색상을 유지할 수 있습니다. 또는 딱 맞는 모양을 위해 각 모드에 두 가지 고유한 색상을 설정할 수 있습니다. 시스템 설정과 일치시키거나 앱의 스타일을 재정의하여 항상 어둡거나 밝은 모드를 사용할 수 있습니다. 어두운 조명에서도 더욱 편안한 보기가 가능하고, 원하는 경우 장치의 접근성 기능을 사용하여 페이지, 주석 등을 모두 반전시켜 무대에서 유령처럼 보이는 현상을 피할 수 있습니다.

● 도구

forScor는 악보를 보고 관리하는 것, 그 이상의 작업이 가능한 다양한 도구를 제공합니다.
재배열 : 페이지를 재정렬, 삭제, 삽입 또는 복제하거나 파일을 여러 부분으로 분할합니다.
버튼 : 다양한 기능을 즉시 제어할 수 있는 링크 버튼을 페이지 어디에나 배치할 수 있습니다.
템플릿 : 내장된 템플릿을 선택하거나 자신만의 악보 템플릿을 만들어 사용할 수 있습니다.
녹음 : 연습을 기록하여 진행 상황을 공유하거나 검토할 수 있습니다.
피아노 : 언제 어디서나 연주 가능한 가상 피아노를 제공합니다.
제한 : 특정 기능에 대한 액세스를 제한하고 앱에 비밀번호를 설정할 수 있습니다.

forScore는 평생 무료 업데이트가 포함된 일회성 요금으로 App Store에서 구매 및 설치할 수 있으며, 아이패드, 맥, 아이폰, 등 최대 10개의 개인 장치에서 사용할 수 있습니다.

● 시작하기

forScore를 처음 실행하면 시작하기 전에 알아야 할 간단한 사용법을 소개하고 있는 화면이 열립니다. ❶ 오른쪽에서 왼쪽으로 스와이프하여 다음 페이지로 이동합니다.

● 페이지 넘기기

악보는 책장을 넘기듯이 화면을 왼쪽이나 오른쪽으로 스와이프하거나 화면 왼쪽 또는 오른쪽을 탭하여 ❶ 이전 및 ❷ 다음 페이지로 넘길 수 있습니다. 아래쪽에 ❸ 탐색 바를 이용하면 모든 페이지를 빠르게 미리보고 이동할 수 있으며, 북마크를 추가한 경우에는 북마크 이름이 표시됩니다.

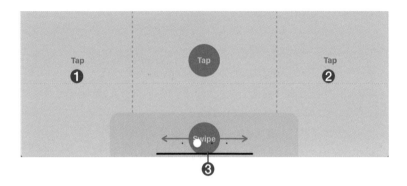

● 컨트롤 바

페이지 중앙을 탭하면 악보를 가져오거나 관리할 수 있는 도구로 구성된 컨트롤 바가 열립니다. 도구는 ❶ 스코어, ❷ 북마크, ❸ 연주목록, ❹ 서비스, ❺ 주석, ❻ 검색, ❼ 메트로놈, ❽ 도구 버튼이 있습니다. 여기서 서비스와 주석은 화면 크기에 따라 보이지 않을 수 있으며, 버튼을 누르고 있으면 열리는 메뉴를 이용하여 자주 사용하는 도구로 바꿀 수 있습니다.

> AirPods Pro, AirPods 3 또는 AirPods Max 중 하나 또는 둘 다를 착용한 상태에서 머리 돌리기 동작을 사용하여 페이지를 넘길 수도 있습니다.

컨트롤 바 중앙에는 악보의 제목 및 페이지 번호가 표시되며 ❶ 탭하면 제목 외에 작곡가, 장르, 키워드, 레이블 등의 속성 정보를 입력할 수 있는 메타데이터가 열립니다. 악보를 정렬하고 검색할 때 기반이 되므로 악보를 가져올 때마다 입력하는 습관을 갖는 것이 좋습니다.

forScore의 메타데이터 속성 항목은 사용자가 원하는 것으로 바꿀 수 있습니다. 자주 사용하지 않는 ❶ 키워드 및 레이블을 악기 및 가수 등으로 바꾸어 사용하면 악보를 정렬하고 검색할 때 훨씬 도움이 될 것입니다.

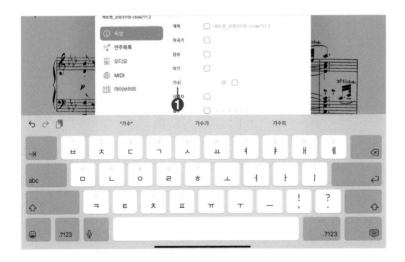

● 디스플레이 옵션

화면 중앙을 두 번 탭하거나 제목 표시줄 왼쪽에 **❶** 기어 모양 아이콘을 탭하면 디스플레이 모드 및 옵션을 설정할 수 있는 화면이 열립니다.

디스플레이 모드 및 옵션은 아이패드를 가로로 사용할 때와 세로로 사용할 때 차이가 있습니다. 세로 모드일 경우 디스플레이는 일반적인 3:4 화면 비율로 모든 장치에서 동일하게 보이도록 하는 **❶** 표준 모드, 페이지를 가로 폭에 맞추는 **❷** 맞춤 모드, 페이지를 화면 높이에 맞추는 **❸** 확대 모드 중에서 선택할 수 있습니다.

아이패드를 가로로 사용할 때는 페이지를 화면에 맞게 축소하는 ❶ 자동 모드와 페이지를 화면 넓이에 맞추는 ❷ 스크롤 모드 중에서 선택할 수 있습니다. ❸ 두 페이지 보기를 선택하면 디스플레이 모드는 세로 방향과 동일하게 적용됩니다. 두 페이지 이상을 보고 싶은 경우에는 버튼을 누르고 있으면 열리는 메뉴에서 선택합니다.

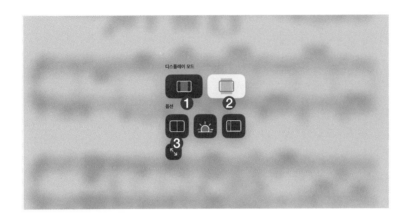

아이패드를 세로로 사용할 때는 가로 모드의 두 페이지 보기 옵션이 다음 페이지를 미리 볼 수 있는 ❶ 반 페이지 보기 옵션으로 사용됩니다. 파란색 구분선은 페이지가 분할된 위치를 보여주며 오른쪽 ❷ 핸들을 드래그하여 범위를 조정할 수 있습니다. 위치는 페이지별로 저장되므로 한 번만 설정하면 항상 같은 위치에서 구분됩니다.

❶ 세피아 모드는 어두운 무대 위에서 연주자가 유령처럼 보이지 않게 화면을 어둡게 표시하는 옵션이고, ❷ 다중 창 모드는 창을 양쪽으로 분리하여 한 쪽을 보조 창으로 사용할 수 있게 합니다. 옵션을 활성화하면 라이브러리 창을 화면 왼쪽 끝에서 오른쪽으로 스와이프하여 열 수 있고, 아래쪽 ❹ 사이드 바 버튼을 탭하여 분리할 수 있습니다. 다중 창은 라이브러리 목록을 누르고 있으면 열리는 단축 메뉴에서 새로운 윈도우를 선택하여 만들 수도 있습니다.

❸ 퍼포먼스 모드는 연주 도중 화면 터치 실수로 컨트롤 바 또는 주석 막대에 악보가 가려지는 것을 방지합니다. 해제를 할 때는 악보 오른쪽 상단의 ❺ X 표시를 탭합니다.

● 보조 디스플레이

AirPlay를 사용하여 forScore의 악보를 AirPlay 호환 스마트 TV 또는 Mac으로 미러링할 수 있습니다. 화면의 오른쪽 상단 모서리를 아래쪽으로 쓸어내려 제어 센터를 열고, ❶ 화면 미러링 버튼을 탭하여 네트워크에 연결된 장치를 선택합니다.

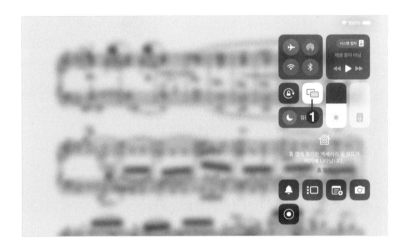

디스플레이 모드에 보조 디스플레이 옵션이 추가됩니다. ❶ 버튼을 탭하여 활성화 하면 forScore 화면을 TV 화면 또는 Mac에 표시할 수 있습니다. 필요한 경우 ❷ 화면 회전 및 ❸ 크기를 조정할 수 있고, ❹ 다중 창 모드로 멀티태스킹할 수 있습니다.

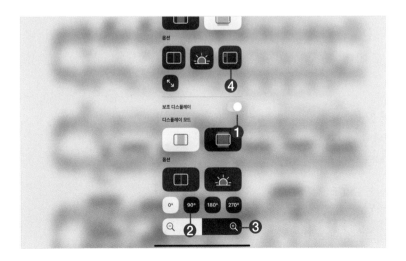

● AirPlay및 Handoff

아이패드의 AirPlay 기능은 장치를 구매하고 애플 로그인 과정을 진행하면 자동으로 활성화 되지만, 미러링이 되지 않는다면 확인을 할 필요가 있습니다. ❶ 설정 앱을 실행하여 ❷ 일반 카테고리의 ❸ AirPlay 및 Handoff를 탭합니다.

❶ 자동으로 AirPlay 옵션을 자동으로 선택합니다. AirPlay용 기기를 수동으로 선택하기 위한 안 함, 연결 제안을 받기 위한 묻기를 선택할 수 있습니다. 당연하지만 iPad와 AirPlay 지원 기기가 동일한 Wi-Fi 네트워크에 연결되어 있어야 합니다.

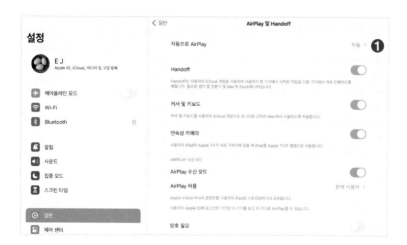

● 추가 옵션 메뉴

제목 표시줄 오른쪽의 ❶ 줄임표 아이콘을 탭하면 악보와 관련된 추가 옵션이 포함된 메뉴가 열립니다. 메타데이터, 북마크, 공유, 라이브러리 및 연주목록에 관해서는 해당 섹션에서 자세히 살펴보겠습니다. 새 탭과 새로운 윈도우는 인터넷 웹 브라우저와 동일한 개념입니다.

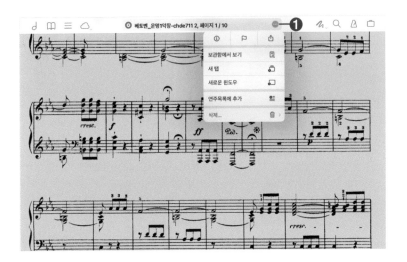

ⓘ : 메타데이터 창 열기

⚑ : 현재 페이지에 플래그 북마크를 삽입하거나 삭제합니다.

⬆ : 악보를 PDF 또는 4SC 파일로 공유합니다.

보관함에서 보기 : 악보가 보관된 라이브러리 창을 엽니다.

새 탭 : 악보를 새로운 탭으로 엽니다.

새로운 윈도우 : 악보를 보조 창으로 엽니다.

연주목록에 추가 : 악보를 연주목록에 추가합니다.

삭제 : 악보를 삭제합니다.

forScore Pro

forScore를 한 번 구매하면 모든 기능과 평생 무료 업데이트가 포함된 새로운 기능을 얻을 수 있습니다. 하지만 맞춤형 지원, 추가 스탬프, 앱 아이콘과 같은 특전과 팝업 메뉴 및 얼굴 제스처 페이지 넘김과 같은 고급 기능을 사용하려면 forScore Pro 버전이 필요합니다. 구독형이라는 단점은 있지만, 피아노 연주자에게 큰 도움이 되지 않은 페달을 사용하는 대신 머리를 돌리거나 윙크 또는 입술을 삐죽이는 제스처로 페이지를 넘길 수 있는 기능을 비롯하여 누군가에게는 그 이상의 중요한 가치가 될 수 있는 전문 기능에 액세스할 수 있습니다.

얼굴 제스처 : 머리를 돌리거나 윙크 및 입술을 움직이는 얼굴 제스처를 사용하여 페이지를 넘길 수 있습니다.

팝업 메뉴 : 제목 표시줄에 있는 6개의 기본 버튼은 앱 작업에 필수적인 부분입니다. 팝업 메뉴를 사용하면 하나의 연속 동작을 사용하여 각 버튼과 관련된 일반적인 작업을 빠르게 수행할 수 있습니다.

페이지 복사 및 붙여넣기 : 악보의 모든 페이지에 대한 레이어 목록 상단에 추가 PDF 레이어를 제공합니다. 이를 통해 복사 또는 잘라내기 작업을 사용할 때 해당 레이어의 모든 주석과 페이지 자체의 내용을 필요에 따라 마디를 이동하거나 페이지 간에 복사하여 붙여 넣을 수 있습니다.

더 많은 스탬프 : 두 번째 페이지에서 제공하는 모든 스탬프를 사용할 수 있으며, 개인 컬렉션을 만들 수 있습니다. 그 밖에 아이패드를 여러 사람과 함께 사용할 때 환경 전환이 가능한 프로필, 전용 아이콘 사용, 애플펜슬 호버 기능 등을 지원합니다.

forScore

turbocharge your sheet music

악보 추가

LESSON 01 | 악보 가져오기

❶ PDF 파일 가져오기

forScore는 PDF 파일 형식을 중심으로 설계되었으며 일반적으로 라이브러리의 각 파일에 악보 한 곡의 모든 페이지가 포함되어 있을 때 가장 잘 작동합니다. 악보의 각 페이지가 별도의 PDF 및 이미지 파일로 나뉘어 있는 경우에는 이를 여러 페이지로 구성된 하나의 PDF 파일로 결합하는 것이 좋습니다. 많은 페이지로 구성된 긴 곡 또는 여러 곡을 담고 있는 교재 스타일의 PDF 파일은 북마크를 사용하여 특정 부분을 쉽게 식별하고 탐색할 수 있습니다.

馬好替乘 나의 iPad에서 가져오기

아이패드나 클라우드 드라이브에 저장되어 있는 악보 파일은 라이브러리 메뉴의 "가져오기"를 탭하거나 command-I 키를 눌러 forScore에 보관할 수 있습니다.

① 화면 ❶ 중앙을 탭하면 상단에 컨트롤 바가 열립니다. 여기서 음표 모양의 ❷ 스코어 버튼을 탭하여 라이브러리 창을 열고, ❸ 가져오기를 탭합니다.

② 파일 메뉴와 Musicnotes, Notefilght 등의 스토어 목록이 열립니다. ❶ 파일 메뉴를 탭합니다.

③ 파일 앱이 열립니다. 왼쪽 사이드 바에서 악보가 저장되어 있는 ❶ 위치를 탭하여 열고, 오른쪽 목록에서 악보를 관리하고 있는 ❷ 폴더를 탭하여 엽니다.

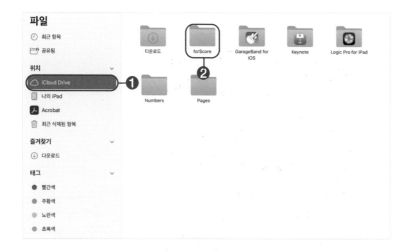

파일 앱을 Split View 또는 Slide Over로 열어서 악보 파일을 forScore로 드래그하여 라이브러리에 가져오는 방법도 있습니다.

④ 해당 폴더 안에 저장되어 있는 ❶ PDF 악보 파일을 탭하여 선택하고 ❷ 열기를 탭하여 가져올 수 있습니다.

⑤ forScore로 가져온 악보는 ❶ 라이브러리에 등록되며, 탭하여 열 수 있습니다. 기본적으로 라이브러리에 등록되는 곡 제목은 파일 이름으로 생성되며, 변경 가능합니다.

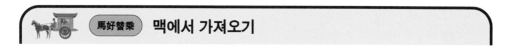

馬好替乗 맥에서 가져오기

맥 또는 아이폰과 아이패드에서 악보를 자유롭게 공유하는 방법은 모든 악보를 iCloud Drive에 저장하는 것입니다. 그 외, 필요할 때만 공유할 수 있는 에어 드롭 기능이 있습니다.

① 에어드롭(AirDrop)은 애플 기기간에 무선으로 파일을 공유할 수 있도록 하는 기능입니다. ❶ 설정 앱을 실행하여 ❷ 일반 메뉴의 ❸ AirDrop을 탭합니다.

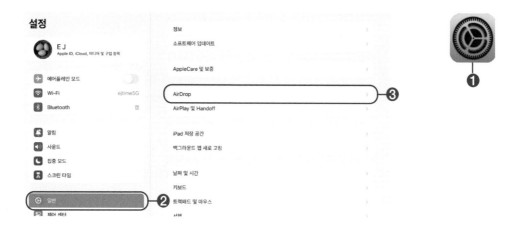

② ❶ 연락처에 있는 사람만 또는 모든 사람에 대해 10분 동안을 선택합니다. 맥에서는 일반 탭의 AirDrop 및 Handoff 항목에서 설정합니다.

③ 파일을 사이드 바의 ❶ AirDrop으로 드래그하면 주변에 있는 장치 목록이 열립니다. ❷ 사용자 아이패드로 드래그합니다.

④ 아이패드 다운로드 폴더에 복사되며, PDF 파일이 열립니다. 상단 메뉴의 ❶ forScore 에서 열기를 탭하여 가져올 수 있습니다.

파일 앱에서 PDF 파일을 직접 탭하여 연 경우에도 forScore에서 열기 메뉴를 탭하여 라이브러리 로 가져올 수 있습니다.

 **馬好替乘** **다른 앱에서 가져오기**

메일 및 Safari 등의 앱에서 PDF 파일을 forScore로 보낼 수 있습니다. 각 앱은 조금씩 다르게 작동하므로 자세한 내용은 해당 설명서를 참조하기 바랍니다.

① 클래식 악보는 무료로 다운로드 받을 수 있는 사이트가 많습니다. 가장 유명한 곳이 imslp.org 입니다. 사이트에서 찾고자 하는 작곡가 또는 곡 제목을 ❶ 입력합니다.

② 입력한 곡 또는 작곡가를 구글에서 검색해줍니다. 첫 번째 imslp.org로 검색된 ❶ 링크를 탭합니다.

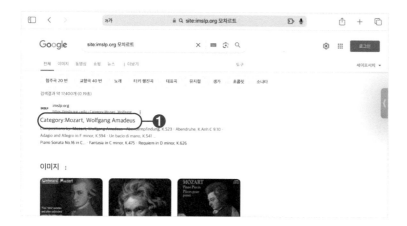

③ 작곡가 이름으로 검색한 경우라면 해당 작곡가의 모든 곡이 ABC 순서로 나열됩니다. 원하는 곡 제목을 ❶ 탭하여 엽니다.

④ 출판사별 악보 리스트가 열립니다. 곡 제목으로 검색한 경우에는 바로 출판사 목록이 열립니다. 원하는 악보의 ❶ 다운로드 버튼을 탭합니다.

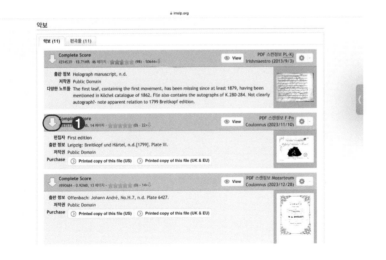

⑤ 15초 후에 무료 다운로드가 진행됩니다. "다운로드를 계속하시려면 여기를 클릭하세요"라는 문구를 탭합니다.

⑥ 악보가 열리면 도구 바의 ❶ 공유 버튼을 탭하여 열고, ❷ forScore를 선택하여 가져올 수 있습니다. 메일로 전달 받은 악보도 같은 방법으로 가져올 수 있습니다.

악보가 이미지인 경우에는 공유 ❸ 옵션을 선택하여 창을 열고, PDF를 선택하면 이미지 파일을 forScore가 인식할 수 있는 PDF 파일로 변환하여 저장할 수 있습니다.

인터넷의 이미지 악보 또는 아이패드의 사진 라이브러리 이미지를 PDF 파일로 변환하여 라이브러리에 추가할 수 있습니다.

① 인터넷에서 검색한 이미지 악보는 ❶ 공유 버튼을 탭하여 메뉴를 열고, ❷ 옵션에서 ❸ PDF를 선택하면 변환된 파일로 다운 받을 수 있습니다.

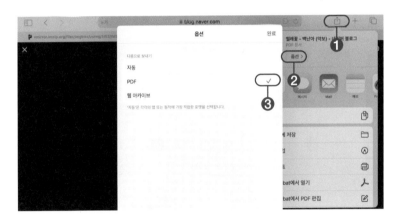

② 여러 페이지로 구성된 악보이거나 다운로드로 제공되는 경우에는 이미지를 다운 받고, forScore ❶ 도구 버튼에서 ❷ 스캔을 탭합니다.

③ 상단에 보이는 3개의 버튼 중에서 오른쪽에 있는 ❶ 사진 라이브러리를 선택하여 인터넷에서 다운 받은 이미지 파일들을 선택하여 가져옵니다.

④ 가져온 이미지는 드래그하여 순서를 변경할 수 있습니다. ❶ 저장 버튼을 탭하여 이름을 입력하면 PDF로 변환되어 라이브러리에 등록됩니다.

아직 디지털화하지 않은 종이 악보를 forScore로 가져오는 방법은 각 페이지를 사진으로 찍어
PDF 파일로 변환하는 스캔 기능을 이용하는 것입니다.

①   forScore 화면 ❶ 중앙을 탭하여 컨트롤 바를 엽니다. 오른쪽 끝에 보이는 ❷ 도구 버
튼을 탭하여 메뉴를 열고, ❸ 스캔을 탭합니다.

②   악보를 추가하는 방법은 3가지이며, 상단에 보이는 ❶ 문서 스캐너 ❷ 카메라 ❸ 사진
라이브러리 중에서 선택할 수 있습니다. 문서 스캐너 버튼을 탭합니다. 화면에 보이는
❹ ➕ 버튼은 선택한 작업을 이어서 하는데, 처음에는 문서 스캐너로 동작합니다.

③ 종이 악보를 카메라 전면에 놓으면 자동으로 페이지 가장자리가 인식되어 사진이 찍힙니다. 사용자는 계속해서 페이지를 넘기기만 하면 됩니다. 필요하다면 ❶ 셔터 모드를 수동으로 선택하여 한 장씩 찍을 수 있습니다. 모든 촬영이 끝나면 ❷ 저장 버튼을 탭합니다.

④ 스캔 받은 이미지가 나열되며, 드래그하여 순서를 변경할 수 있습니다. 아래쪽의 ❶ 필터 버튼을 탭하면 이미지 톤이 자동으로 보정되며, ❷ 조정 버튼을 탭하여 색조, 채도, 밝기를 개별적으로 보정할 수 있습니다.

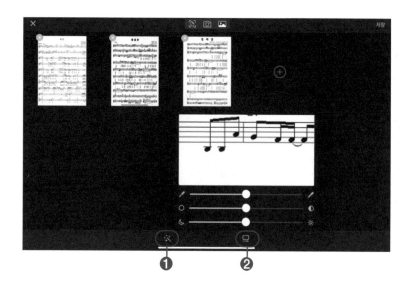

⑤ 선명도 및 밝기를 개별적으로 조정하고 싶은 경우에는 이미지를 탭하여 엽니다. 이미지 가장자리를 잘라낼 수 있는 ❶ 크롭 버튼도 제공됩니다. 경계선을 드래그하여 범위를 조정할 수 있으며 ❷ 잘라내기를 탭하여 정리할 수 있습니다.

⑥ 이미지 편집 창에는 작업을 취소할 수 있는 ❶ Undo, 다시 실행할 수 있는 ❷ Redo 버튼, 그리고 이미지를 가로로 회전시킬 수 있는 ❸ 버튼도 제공됩니다. ❹ 뒤로 돌아가 저장을 하면 라이브러리에 등록됩니다.

⑦ 라이브러리에 추가한 악보를 삭제할 때는 이름을 오른쪽에서 왼쪽으로 스와이프 하면
보이는 ❶ 삭제 버튼을 탭합니다.

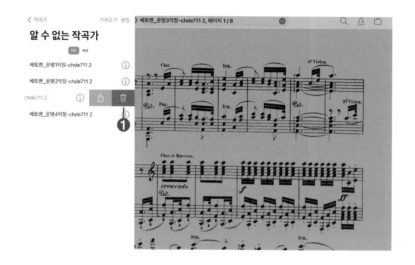

⑧ 두 개 이상의 라이브러리 악보를 한 번에 삭제하고자 할 때는 ❶ 편집 메뉴를 탭하고,
삭제할 악보들을 선택합니다. 그리고 목록 상단의 ❷ 삭제 메뉴를 탭 하면 됩니다.

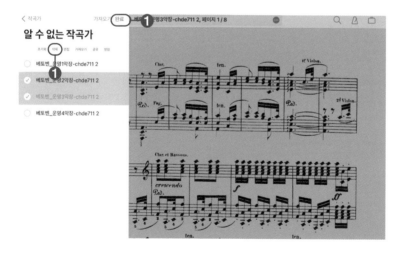

forScore 라이브러리에 텍스트 파일(TXT, RTF, DOC 또는 DOCX)을 추가할 수도 있으며 해당 파일
은 자동으로 PDF 파일로 변환됩니다.

forScore에서는 비어 있는 오선지를 만들거나 추가할 수 있는 템플릿 기능을 제공하며, 애플 펜슬을 이용하여 음표를 그리거나 메모를 할 수 있습니다.

① 화면 ❶ 중앙을 탭하여 컨트롤 바를 열고, 오른쪽 끝에 보이는 ❷ 도구 버튼에서 ❸ 템플릿을 탭합니다.

② forScore에서 제공하는 오선지가 나열됩니다. 원하는 오선지를 선택하고 ❶ 저장 버튼을 탭하여 이름을 입력합니다.

③ **❶** + 기호의 버튼을 탭하면 라이브러리 악보를 템플릿에 추가할 수 있습니다. 드럼 악보, 기타 타브 악보 등 인터넷에서 손쉽게 구할 수 있는 악보를 라이브러리에 가져다 놓고, 템플릿으로 만들어 사용할 수 있는 것입니다. 템플릿에 추가한 후에는 라이브러리에서 삭제를 해도 됩니다.

④ - /+ 기호의 **❶** 페이지 버튼은 빈 오선지를 만들 때 필요한 페이지 수를 설정합니다. 템플릿을 삭제할 때는 오선지를 누르고 있으면 열리는 **❷** 삭제 버튼을 탭합니다.

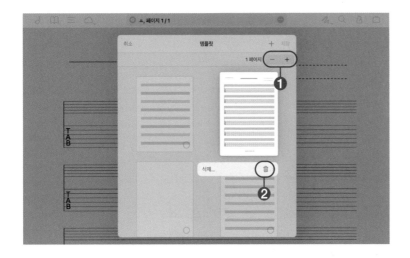

LESSON 02 | 라이브러리 관리

❶ 메타데이터

forScore를 효율적으로 사용하는데 있어서 가장 중요한 사항은 악보를 쉽고 빠르게 검색할 수 있도록 정리하는 것입니다. 악보는 작곡가, 장르, 키워드, 레이블 순서로 정렬할 수 있는데, 이 기준은 각 악보에 기록되어 있는 메타데이터 속성에 의해서 결정됩니다. 즉, 악보를 추가할 때마다 메타데이터 정보를 입력하는 습관을 갖는 것이 좋습니다.

馬好替乘 속성

라이브러리의 작곡가, 장르, 키워드, 레이블 정렬 기준은 메타데이터 속성에 의해 결정되며, 정보가 없는 악보라면 사용자가 직접 입력할 필요가 있습니다.

① 화면 ❶ 중앙을 탭하여 컨트롤 바를 열고, ❷ 스코어 버튼을 탭하여 라이브러리 창을 엽니다. 악보는 상단의 ❸ 정렬 버튼을 탭하여 작곡가, 장르, 키워드, 레이블 순서로 나열할 수 있습니다.

② 카테고리는 기본적으로 아무런 정보도 입력되어 있지 않기 때문에 ❶ 알 수 없는...로
표시되며, 이를 탭하면 사용자가 추가한 악보 목록을 볼 수 있습니다. 상단에는 목록
을 제목 또는 최신 순서로 정렬할 수 있는 ❷ 버튼이 있으며, 라이브러리 목록으로 되돌아갈
때는 ❸ 뒤로 버튼을 탭합니다.

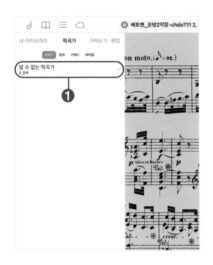

③ 곡 제목 오른쪽의 ❶ 정보 버튼을 탭하면 제목 및 작곡가 등의 정보를 입력할 수 있는
메타데이터 창의 속성 페이지가 열립니다. 바로 여기에 입력된 정보에 의해서 카테고
리 이름이 결정되고, 악보를 정렬하거나 검색할 수 있는 것입니다.

④ 곡 제목은 기본적으로 파일 명으로 생성되며, 컨트롤 바의 ❶ 제목 표시줄을 탭하여 메타데이터 창을 열 수도 있습니다.

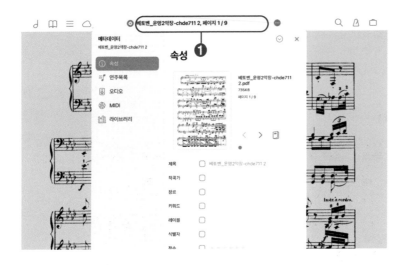

⑤ 속성 창 상단에는 ❶ 미리 보기, ❷ 페이지 넘기기, 첫 페이지 번호를 변경할 수 있는 ❸ 오프셋 버튼, 페이지 여백을 조정할 수 있는 ❹ 줌 슬라이더를 제공합니다.

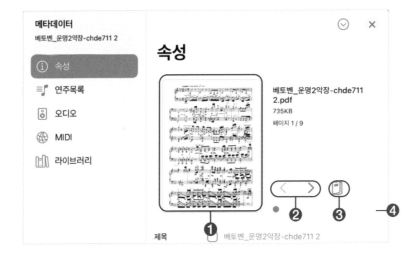

6 속성 정보를 다 채울 필요는 없지만, 최소한 정렬 기준이 되는 제목, 작곡가, 장르 정도
는 입력을 하는 것이 좋고, 키워드 및 레이블과 같이 잘 사용하지 않는 ❶ 항목은 악
기 및 가수와 같은 자신에게 필요한 정보로 변경하여 사용하는 것도 좋습니다. 각 항목 오른
쪽의 ❷ 버튼은 사용자가 입력했던 정보를 선택하여 입력되게 하는 역할을 합니다.

7 모든 정보 입력이 끝나면 ❶ 닫기 버튼을 탭하여 창을 닫습니다. PDF 파일에 제목, 작
성자, 주제 및 키워드에 대한 자체 정보가 포함되어 있는 경우 ❷ 메뉴 버튼의 가져오
기를 탭하여 각각 제목, 작곡가, 장르 및 태그 값으로 사용할 수 있습니다.

여러 작곡가, 장르, 키워드 또는 레이블 등을 추가하려면 쉼표를 사용하여 각 문구를 구분합니다.

상황별 메뉴

라이브러리 및 연주목록을 스와이프 하거나 누르고 있으면 해당 목록을 빠르게 편집할 수 있는 메뉴가 열립니다. 목록을 누르고 있으면 열리는 메뉴는 맥에서 마우스 오른쪽 버튼을 클릭했을 때 열리는 단축 메뉴와 동일하게 상황에 따라 달라집니다.

① 라이브러리 목록을 오른쪽에서 왼쪽으로 스와이프 하면 **❶** 메타데이터, **❷** 공유, **❸** 삭제 명령을 수행할 수 있는 버튼이 보입니다.

② 라이브러리 목록을 왼쪽에서 오른쪽으로 스와이프 하면 **❶** 미리 보기 창을 열 수 있는 안경 모양의 버튼이 보입니다.

③ 미리 보기는 악보를 탭하여 열거나 오른쪽 하단 모서리에 있는 ❶ + 기호를 탭하여 새로운 탭으로 열 수 있습니다.

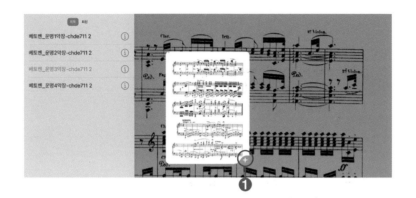

④ 목록을 누르고 있으면 열리는 단축 메뉴의 역할은 다음과 같습니다.

- **새 탭** : 악보를 새로운 탭으로 엽니다.
- **새로운 윈도우** : 악보를 새로운 창으로 열어 화면이 분할됩니다.
- **공유** : 악보를 PDF 및 4SC 파일로 공유합니다.
- **편집** : 메타데이터 창을 엽니다.
- **복제** : 악보를 복제합니다.
- **가져오기** : 메타데이터 정보를 가져옵니다.
- **삭제** : 악보를 삭제합니다.

⑤ 라이브러리의 ❶ 편집 메뉴를 탭하면 2개 이상의 목록을 선택하여 동시에 편집할 수
있습니다.

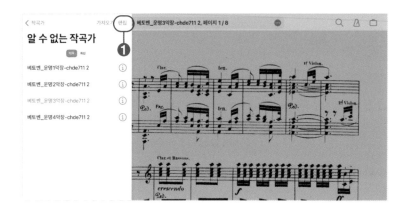

⑥ 목록을 선택하면 상단에 ❶ 편집 버튼이 활성화됩니다.

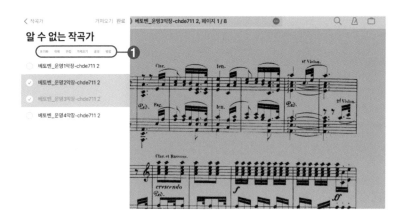

- **초기화** : 선택을 해제합니다.
- **삭제** : 선택한 목록을 모두 삭제합니다.
- **편집** : 메타데이터 창을 엽니다.
- **가져오기** : 메타데이터 정보를 가져옵니다.
- **공유** : 악보를 PDF 및 4SC 파일로 공유합니다.
- **병합** : 선택한 목록을 하나로 병합한 새 목록을 만듭니다.

⑦ 라이브러리 창은 아래쪽의 ❶ 사이드 바 버튼을 탭하여 오버레이 또는 타일의 두 가지 스타일 중 하나를 사용할 수 있습니다. 오버레이를 사용하면 페이지가 어두워지고 메뉴에만 액세스할 수 있으며, 타일 모드에서는 메뉴와 기본 보기를 동시에 사용할 수 있습니다. 사이드바 오른쪽의 ❷ 버튼을 드래그하면 라이브러리 창 크기를 조정할 수 있습니다.

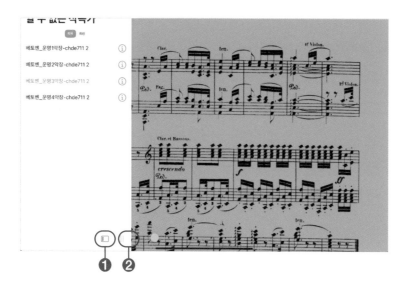

⑧ ❶ 라이브러리 메뉴를 탭하면 새로운 라이브러리를 추가할 수 있는 창이 열립니다. ❷ + 기호를 탭하여 추가할 수 있으며, ❸ 편집 버튼을 탭하여 삭제할 수 있습니다.

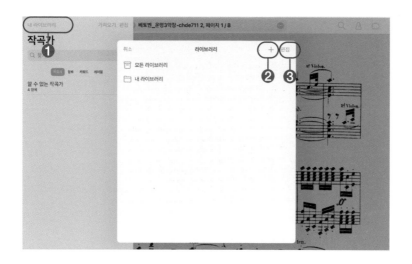

② 검색 및 필터

forScore에 많은 악보를 보관하고 있는 경우 검색 기능을 사용하여 원하는 악보를 빠르게 찾을 수 있습니다. 컨트롤 바의 검색 버튼을 이용하면 악보, 북마크, 연주목록은 물론 작곡가, 장르, 태그, 라벨 등의 모든 카테고리를 검색할 수 있으며, 라이브러리, 북마크, 연주목록 별로 제공되는 검색 기능을 이용하면 해당 범위내에서 검색할 수 있습니다.

馬好替乘 메뉴 검색

라이브러리 및 북마크 또는 연주목록에는 제목이나 메타데이터가 일치하는 항목을 정확하게 찾을 수 있는 검색창을 제공합니다.

① 라이브러리, 북마크, 연주목록에서 목록을 아래쪽으로 스와이프하면 사용자가 입력한 문자를 포함하고 있는 악보를 찾을 수 있는 ❶ 검색 창을 볼 수 있습니다. 검색 범위를 줄이고 싶은 경우에는 ❷ 필터 버튼을 탭합니다.

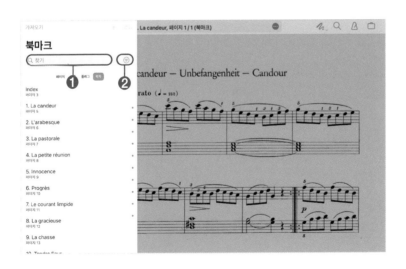

② 아래쪽에서 최근에 사용했던 필터를 선택하여 사용할 수 있고, 새로운 필터를 추가하려면 위쪽의 **❶** + 기호를 탭합니다.

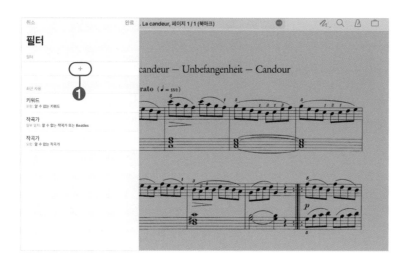

③ 작곡가, 장르, 키워드, 레이블, 연주목록 별로 **❶** 검색 조건(포함 및 제외)을 결정합니다. 두 개 이상의 카테고리를 선택한 경우 검색 조건은 일부 일치 및 모두 일치 또는 제외로 결정됩니다.

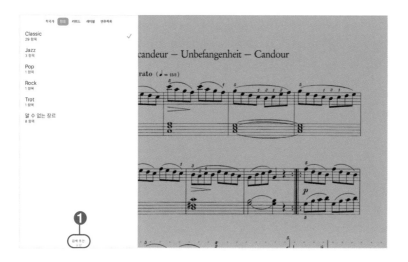

④ 필터 설정을 마친 후 완료 버튼을 탭하면 조건에 따른 결과로 정렬되어 검색 범위를 줄일 수 있습니다. 필터링되고 있다는 신호는 ❶ 파란색 막대로 표시되며, 탭하여 해제할 수 있습니다.

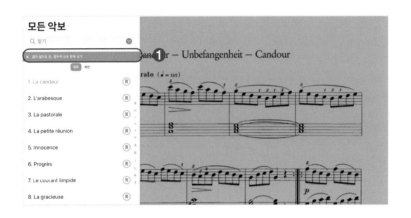

馬好替乘 **도구 검색**

모든 카테고리에서 특정 항목을 찾으려면 검색 도구를 사용하는 것이 가장 빠른 방법입니다. 각 메뉴에서 제공하는 검색과 달리 검색 도구는 모든 카테고리를 검색합니다.

① 라이브러리, 북마크, 연주목록의 모든 카테고리에서 특정 항목을 검색하고자 할 때는 컨트롤 바의 ❶ 검색 버튼을 탭합니다.

② 검색을 열면 가장 최근에 열어 보았던 악보와 북마크가 표시됩니다. 기본적으로 마지막에 열었던 5개 항목을 표시하며, 그 아래에는 현재 라이브러리의 모든 악보와 북마크가 표시됩니다. 검색 범위를 줄일 수 있는 ❶ 필터 버튼은 검색 창 왼쪽에 있습니다.

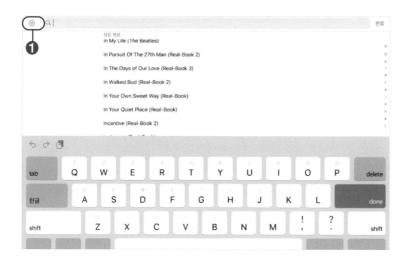

③ 검색 항목에 입력한 글자를 포함한 모든 악보, 북마크 또는 연주목록은 물론 주석이나 페이지 메모가 있는 개별 페이지도 찾을 수 있습니다. 각 ❶ 결과에는 악보나 북마크의 이름 및 페이지 번호가 표시됩니다.

★LESSON★
03 | 북마크

❶ 북마크 만들기

북마크는 목차와 같은 특정 페이지에 대한 참조이거나 라이브러리의 가상 항목처럼 작동하는 여러 페이지를 참조할 수 있습니다. 이것을 "페이지" 또는 "항목" 북마크라고 부릅니다. 항목 북마크는 다른 PDF 파일과 마찬가지로 라이브러리에 표시되고, 지정한 페이지에서 시작 및 중지되며, 자체 메타데이터 및 오디오 트랙도 가질 수 있습니다. 어떤 종류의 북마크를 생성하든 북마크 메뉴에는 항상 현재 보고 있는 PDF 파일에 대한 모든 북마크가 표시됩니다.

馬好替乘 **목차 만들기**

북마크를 만들어 특정 페이지로 빠르게 이동하거나 한 권의 교재를 개별 섹션으로 나누어 서로 독립적으로 작업할 수 있습니다.

① forScore 화면 ❶ 중앙을 탭하여 컨트롤 바를 엽니다. 왼쪽에서 두 번째 책 모양으로 표시 되어 있는 ❷ 북마크 버튼을 탭하여 창을 열고, ❸ + 기호를 탭합니다.

② 새로 만드는 북마크의 유형은 ❶ 항목(제목)과 페이지 중에서 선택할 수 있습니다. 항목을 선택하면 ❷ 제목과 페이지 범위를 설정할 수 있습니다. 페이지 번호는 현재 열려 있는 페이지 번호가 입력되어 있으며, 직접 입력하거나 ❸ 미리 보기를 스와이프하여 변경할 수 있습니다.

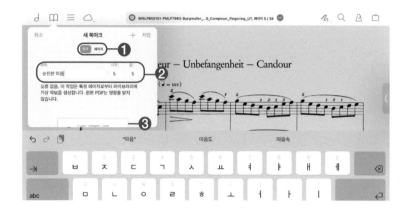

③ 유형에서 ❶ 페이지를 선택하면 제목과 페이지 번호를 입력할 수 있습니다. 페이지가 라이브러리로 등록되는 범위가 아니라 단순히 ❷ 이동 위치라는 차이가 있습니다. ❸ 저장 버튼을 탭하여 완료합니다.

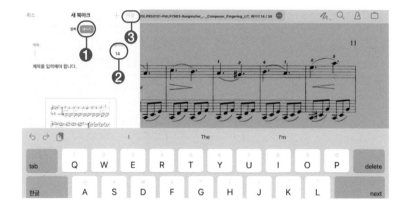

항목은 라이브러리에 등록되며, 범위 밖의 페이지로 이동은 되지 않고, 페이지는 북마크 메뉴에서 해당 페이지로 이동하는 역할을 하며, 페이지 이동이 가능하다는 차이가 있습니다.

④ 페이지와 항목은 ❶ 아이콘 모양으로 구분되며 ❷ 유형을 선택하여 페이지 및 제목 순서로 정렬할 수 있고 ❸ 제목 이름을 탭하여 해당 페이지로 이동할 수 있습니다.

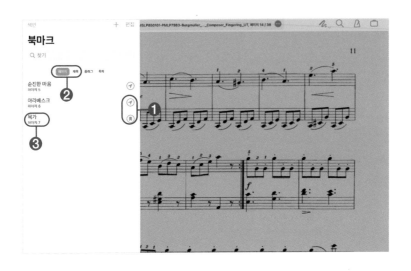

알아두면 좋아요

목차 가져오기

PDF 파일에 목차가 포함되어 있는 경우 ❶ 목차 유형에서 ❷ 가져오기를 탭하여 생성할 수 있습니다.

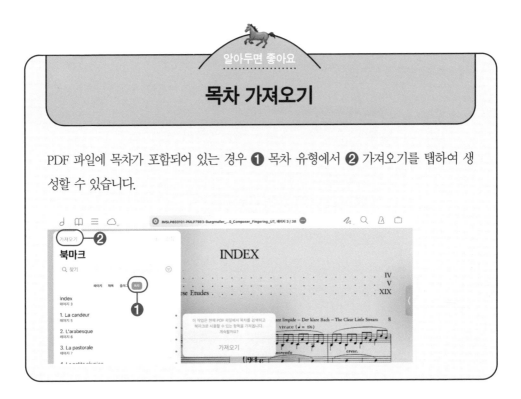

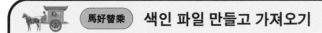

馬好替乘 **색인 파일 만들고 가져오기**

무료 PDF 악보의 대부분은 목차 정보를 가지고 있지 않기 때문에 사용자가 만들어야 합니다. 하지만, 그 수가 많은 경우에는 일이 됩니다. 그래서 보통은 Excel 또는 애플에서 무료로 제공하는 Numbers와 같은 스프레드시트 앱을 이용하여 CSV 파일을 만들고, 이것을 forScore에 가져오는 방법을 많이 사용합니다. 특히, 유명한 음악 서적들은 이미 많은 사람들이 인터넷에 CSV 파일을 올려놓았기 때문에 이 과정도 생략할 수 있습니다.

① CSV 파일은 직장인들이 많이 사용하는 Excel 또는 Numbers 등의 스프레드시트 앱을 이용하여 만들 수 있습니다. 아이패드에 기본적으로 설치되어 있는 ❶ Numbers를 실행하고, ❷ 스프레드시트 생성을 탭합니다.

❶ Numbers

② 템플릿 선택 창이 열립니다. ❶ 빈 페이지를 선택하여 새로운 문서를 만듭니다.

③ "셀"이라고 부르는 네모칸으로 구성된 문서가 열립니다. 각 칸마다 제목과 페이지 번호를 입력합니다. ❶ 문서 이름을 탭하여 메뉴를 열고, ❷ 이름 변경을 선택하여 문서이름을 변경합니다.

CSV는 제목과 시작 및 종료 페이지 외에 작곡가, 장르, 키워드, 레이블, 식별자, 점수, 난이도 등의정보를 입력하여 forScore 메타 데이터로 사용할 수 있습니다.

④ 다시 문서 이름을 탭하여 메뉴를 열고, 내보내기에서 ❶ CSV를 탭합니다.

⑤ 공유 앱을 선택할 수 있는 창이 열립니다. ❶ forScore를 선택합니다.

⑥ forScore 북마크 메뉴에서 ❶ 색인을 선택하고, 앞에서 저장한 ❷ CSV 파일을 가져옵니다.

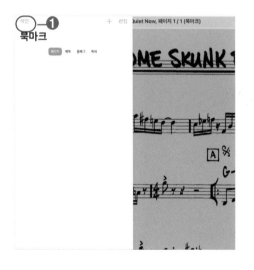

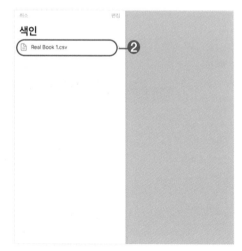

⑦ Numbers에서 입력한 것 중에 어떤 값이 제목이고, 어떤 값이 페이지 번호인지를 지정할 수 있는 창이 열립니다. ❶ 제목과 ❷ 시작 페이지를 지정하고 ❸ 저장합니다.

⑧ 페이지 및 제목이 생성되는 것을 확인할 수 있으며, 제목을 탭하여 해당 페이지로 바로 이동할 수 있습니다. 제목을 왼쪽으로 밀고 ❶ 휴지통 모양의 아이콘을 선택하면 삭제할 수 있습니다.

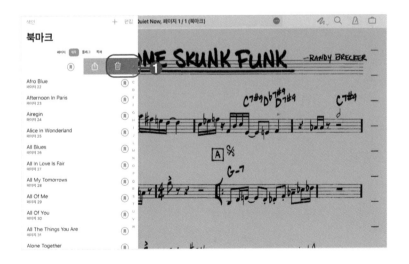

馬好替乘 플래그 추가하기

플래그를 지정하면 나중에 해당 페이지로 빠르고 쉽게 이동할 수 있습니다. 특히, 라이브러리의
모든 악보에서 검색할 때 유용합니다.

① 북마크 유형에서 ❶ 플래그를 선택하고, ❷ 플래그 버튼을 탭하면 현재 페이지를 플래
그로 지정하거나 해제할 수 있습니다.

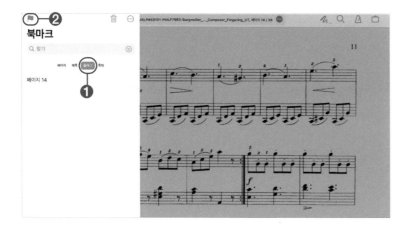

② ❶ 정보 버튼을 탭하여 현재 악보 또는 모든 악보의 플래그를 표시할 수 있으며, ❷
휴지통 모양의 버튼을 탭하여 모든 플래그를 한 번에 삭제할 수 있습니다.

❷ 북마크 편집

북마크는 목록 오른쪽의 정보 버튼을 탭하여 편집할 수 있습니다. 페이지 북마크인 경우 북마크를 생성하는 데 사용한 것과 동일한 인터페이스가 표시되며 제목과 시작 페이지를 편집하거나 종료 페이지를 추가하여 항목 북마크로 전환할 수 있습니다. 항목 북마크의 정보 버튼을 탭하면 메타데이터 패널이 열립니다 .

馬好替乘 **별도의 PDF 파일로 추출하기**

시작 페이지와 끝 페이지가 포함된 항목 북마크는 공유 기능을 사용하여 해당 페이지만 별도의 PDF 및 4SC 파일로 보내어 공유할 수 있습니다.

① 항목 북마크를 오른쪽에서 왼쪽으로 스와이프하고 ❶ 공유를 탭합니다.

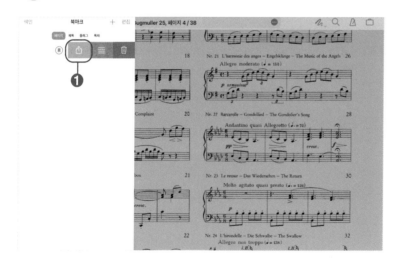

(2) 북마크를 PDF 파일 또는 주석이 포함된 PDF 파일, 그리고 4SC 파일 중에서 선택하여 내보낼 수 있습니다. ❶ 4SC는 메타데이터가 포함된 forScore 파일입니다.

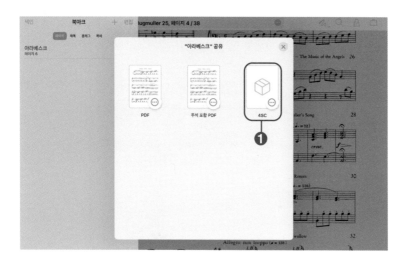

(3) ❶ AirDrop을 이용하여 사용자 맥 또는 아이폰에 보내거나 ❷ 메일로 보내거나, ❸ 파일에 저장할 수 있습니다.

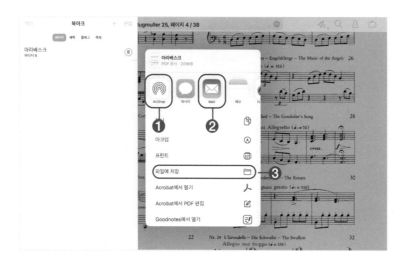

 편집 및 삭제

북마크를 오른쪽에서 왼쪽으로 스와이프하고 휴지통 버튼을 탭하여 개별적으로 삭제하거나 편집 메뉴를 이용하여 여러 북마크를 한 번에 삭제할 수 있습니다.

① 북마크를 오른쪽의 ❶ 아이콘을 탭하면 속성을 편집할 수 있는 메타데이터 창이 열립니다. 속성은 제목, 시작 및 종료 페이지, 작곡가, 장르 등의 정보를 담고 있습니다.

② 북마크를 오른쪽에서 왼쪽으로 스와이프하고 ❶ 휴지통 모양의 버튼을 탭하여 삭제할 수 있습니다.

③ 메뉴의 ❶ 편집 버튼을 탭하면, 편집할 북마크를 선택할 수 있고, ❷ 삭제 명령을 탭하여 선택한 모든 북마크를 한 번에 삭제할 수 있습니다.

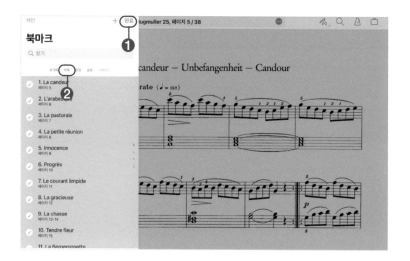

④ 초기화는 선택을 해제하며, 편집은 속성 창을 열고, 공유는 선택한 북마크를 별도의 PDF 및 4SC 파일로 저장합니다. 북마크에서는 ❶ 텍스트 파일 저장을 지원합니다. 그리고 가져오기는 목차를 색인으로 가져옵니다.

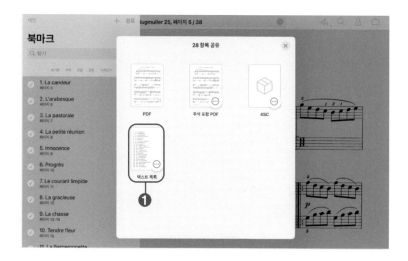

LESSON ★04 | 연주목록

❶ 연주목록 작업

공연, 레슨, 연습 등 다양한 목적으로 라이브러리에 보관된 곡을 목록으로 정리할 일은 많습니다. 어쩌면 forScore에서 사용률이 가장 높은 기능일 수 있습니다. 주요 목록과 개별 리스트의 내용은 알파벳순 또는 가상 최근에 재생된 항목 순으로 정렬할 수 있으며, 언제든 개인스타일과 목적에 따라 수동으로 재정렬하거나 편집할 수 있습니다.

馬好替乘 연주목록 추가

연주목록은 수동으로 만들거나 편집합니다. + 버튼을 탭하고 제목을 입력하여 만들고, 편집 버튼을 탭하여 이름을 바꾸거나 드래그하여 순서를 변경할 수 있습니다.

① 화면 ❶ 중앙을 탭하여 컨트롤 바를 엽니다. 왼쪽에서 세 번째 3줄로 표시 되어 있는 ❷ 연주목록 버튼을 탭하여 열고, ❸ + 기호를 탭합니다.

② 연주목록 이름을 입력하고 **❶** 생성 버튼을 탭합니다. 이미 연주목록이 있는 경우에는 이름 입력 항목 오른쪽의 **❷** 아이콘을 탭하여 목록의 상단 또는 하단에 삽입할 것인지의 여부를 선택할 수 있습니다.

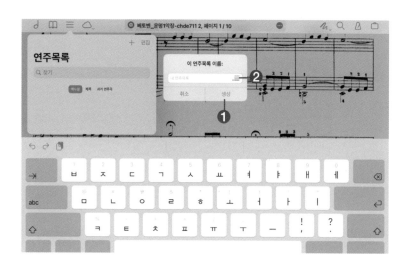

③ 생성된 연주목록이 열리며 악보는 **❶** + 기호를 탭하여 추가할 수 있습니다.

④ 오른쪽에 라이브러리에 보관하고 있는 모든 ❶ 곡의 리스트가 열리며, 탭하여 왼쪽 ❷ 연주목록에 추가할 수 있습니다.

⑤ 라이브러리 목록은 ❶ 정렬 메뉴를 탭하여 제목 및 최신 순으로 정렬하거나 ❷ 정렬 버튼을 탭하여 작곡가 및 장르 등의 순서로 정렬할 수 있으며, 연주목록에 이미 추가된 곡은 이름 왼쪽에 표시되는 ❸ 검은 점으로 구분할 수 있습니다.

6 ❶ 모두 추가 버튼은 라이브러리의 모든 곡을 한 번에 추가하는 역할을 하며, 라이브 러리 목록을 아래쪽으로 스와이프하면 상단에 ❷ 검색 창을 표시할 수 있습니다.

7 연주목록은 이름 왼쪽의 ❶ - 버튼을 탭하여 제거하거나 ❷ 선택을 하고 라이브러리 창에서 곡을 ❸ 탭하여 교제할 수도 있습니다.

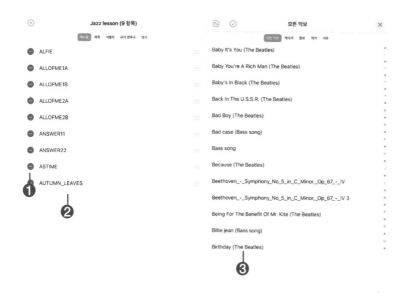

⑧ 연주목록은 제목 및 식별자 등의 ❶ 정렬 버튼을 탭하여 자동으로 정렬하거나 드래그하여 수동으로 정렬할 수 있습니다. 제목을 누르고 있으면 맨 위 또는 맨 아래로 이동시키거나 제거할 수 있는 ❷ 메뉴가 열립니다.

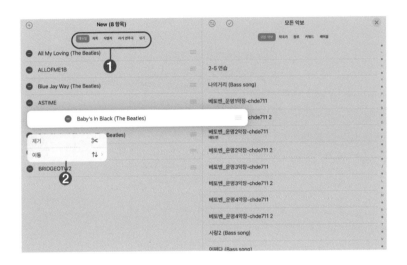

⑨ 연주목록의 ❶ 추가 버튼에서는 현재 열려 있는 악보를 추가하는 현재 항목 추가와 연주목록을 1부, 2부를 구분할 때 유용한 표시자 추가 메뉴를 선택할 수 있습니다. 연주목록 작성이 완료되면 ❷ X 버튼을 탭하여 창을 닫습니다.

 **연주목록 편집**

연주목록의 리스트는 언제든 편집이 가능하며, 삭제를 해도 원본 라이브러리에는 영향을 주지
않습니다.

① 연주목록은 ❶ 매뉴얼로 정렬되었을 때 드래그하여 위치를 변경할 수 있습니다. ❷
편집 모드에서는 오른쪽 3줄로 표시되는 핸들을 드래그하여 정렬합니다.

② 연주목록 및 리스트는 오른쪽에서 왼쪽으로 스와이프 하면 보이는 삭제 버튼을 탭하
여 제거할 수 있습니다. 리스트는 주황색 ❶ - 버튼으로 표시되며, 연주목록은 빨간색
휴지통 모양으로 구분됩니다.

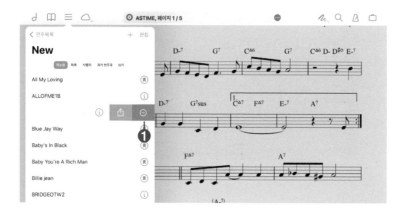

③ 두 개 이상의 연주목록은 ❶ 편집 메뉴를 탭하여 리스트를 선택하고, ❷ 제거를 메뉴를 탭하여 삭제할 수 있습니다.

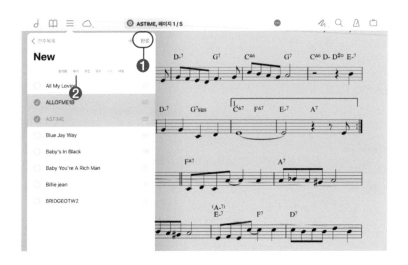

④ 리스트 오른쪽의 정보 버튼을 탭하면 속성을 변경할 수 있는 메타데이터 창이 열리고, 연주목록 오른쪽의 ❶ 속성 버튼을 탭하면 폴더 및 라이브러리 위치를 변경할 수 있는 창이 열립니다.

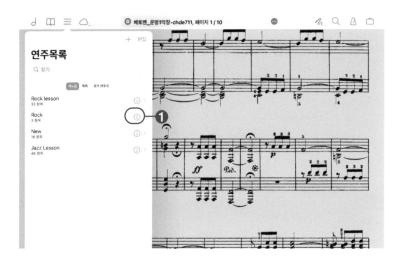

⑤ 연주 목록은 ❶ 새 폴더를 생성하여 폴더별로 정리할 수 있습니다. 속성에 따라 여러 목록에 나타날 수 있는 라이브러리와 달리 한 번에 하나의 폴더에만 포함되기 때문에 체계적인 관리가 가능합니다.

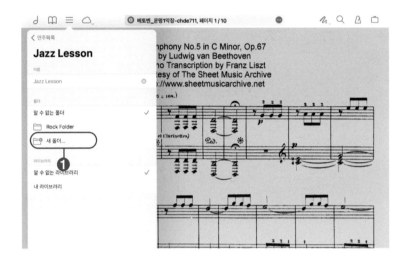

⑥ 라이브러리는 사전에 만들어 놓은 경우에만 변경할 수 있습니다. 컨트롤 바의 ❶ 스코어 버튼을 탭하여 창을 열고 ❷ 라이브러리 메뉴를 탭합니다.

⑦ 라이브러리는 ❶ + 버튼을 탭하여 만들 수 있으며, 오른쪽으로 스와이프 하여 ❷ 이름을 변경하거나 ❸ 삭제할 수 있습니다.

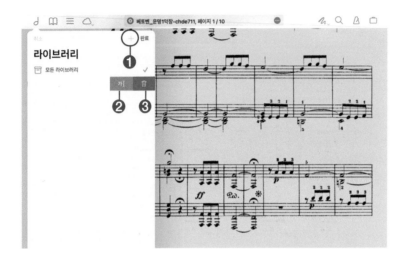

⑧ 추가한 ❶ 라이브러리는 메타데이터 창에서 선택할 수 있습니다. 레슨을 하고 있다면 라이브러리를 학생 이름으로 만들어 관리할 수 있어 효과적입니다.

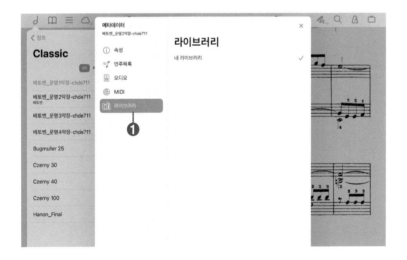

9 연주목록에서 편집 메뉴를 선택하면 폴더 및 라이브러리 선택을 위한 편집 기능과 삭제 및 공유 등의 다양한 작업을 수행할 수 있습니다.

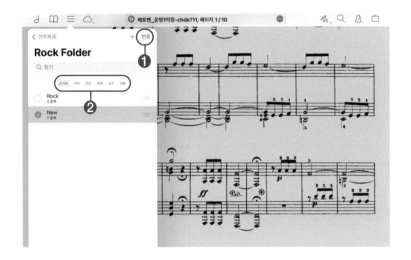

10 특히 ❶ 공유는 간단한 텍스트 목록에서 결합된 PDF 까지 만들 수 있기 때문에 팀원과 목록을 공유하거나 개별 악보를 한 권의 교재로 만들고자 할 때 유용합니다.

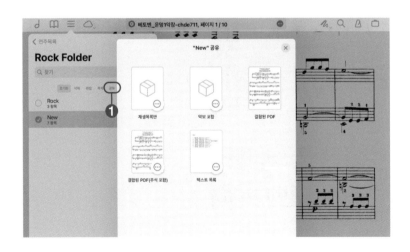

자주 사용하는 연주목록이 있지만 특정 상황에 맞게 조정해야 하는 경우 원본을 유지한 상태로 편집할 수 있는 복제 메뉴도 유용합니다.

❷ 악보 및 연주목록 저장하기

forScore는 제작사에서 운영하는 상점과 협력 업체에서 운영하는 서비스를 통해 아이패드에 완벽하게 최적화된 무료 및 유료 악보와 컬렉션, 다양한 주제에 관한 기사, 뉴스, 기타 앱, 인기 액세서리에 대한 링크를 모두 찾을 수 있으며, 서비스 패널을 사용하여 악보 및 연주목록을 저장하거나 가져올 수 있습니다.

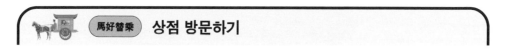

馬好替乘 **상점 방문하기**

제작사에서 운영하는 상점과 협력 업체에서 운영하는 서비스에서 iOS에 최적화된 악보를 찾아 다운로드할 수 있습니다.

① 화면 중앙을 탭하면 열리는 컨트롤 바의 ❶ 도구 버튼에서 ❷ 상점을 선택합니다.

> forScore 매장에서 판매하는 모든 콘텐츠는 디지털 권리 관리(Digital rights management, DRM)
> 제한이 없으며 한 장치에서 다른 장치로 제한 없이 마이그레이션할 수 있습니다.

(2) 악보를 구매할 수 있는 forScore 매장에 접속됩니다. 한 번 구매한 악보는 장치 구분 없이 ❶ 나의 구입목록에서 계속 다운 받을 수 있습니다. 무료로 제공되는 악보들도 많으므로 큰 도움이 될 것입니다.

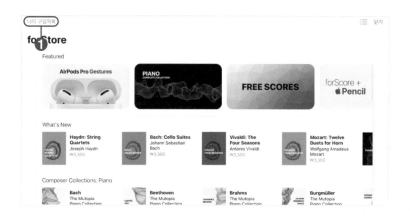

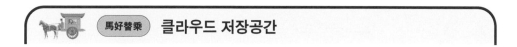

馬好替乘 클라우드 저장공간

서비스 패널을 사용하면 파일 앱을 별도로 실행하지 않고 액세스할 수 있으며, 나의 iPad 또는 클라우드 서비스 드라이브에 악보를 저장하거나 가져올 수 있습니다.

(1) 컨트롤 바의 ❶ 서비스 버튼을 탭합니다. 화면이 작아서 보이지 않는 경우에는 도구 버튼에서 ❷ 서비스를 선택합니다.

② 클라우드 저장공간 및 콘텐츠 공급자 목록이 열립니다. **❶** + 기호를 탭하면 Dropbox 및 box 클라우드 서비스 목록을 추가할 수 있습니다. **❷** 파일을 탭합니다.

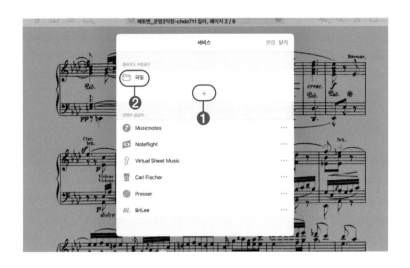

③ **❶** 다운로드 및 **❷** 업로드 버튼을 탭하여 파일 앱을 열고, 나의 iPad 또는 iCloud Drive, Google Drive, Microsoft OneDrive 등의 클라우드 스토리지에서 악보, 연주 목록, 오디오, 백업, CSV 및 텍스트 파일을 가져오거나 저장할 수 있습니다.

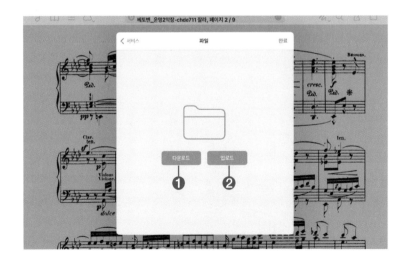

④ 파일을 다운로드하면 forScore 라이브러리에 사본이 저장됩니다. 동일한 이름의 파일이 존재하는 경우 파일을 복제하거나 덮어쓰거나 전송을 취소(건너뛰기)할 것인지를 선택할 수 있는 ❶ 메시지가 표시됩니다.

⑤ 파일 업로드 창은 상단 메뉴에 연주, 연주목록 등의 콘텐츠 ❶ 선택 메뉴가 있고, 항목에 따라 PDF 및 4SC 등의 ❷ 포맷을 선택할 수 있습니다.

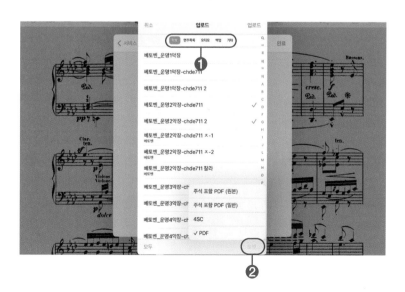

forScore

turbocharge your sheet music

악보 편집

LESSON 01 | 악보에 메모하기

❶ 주석 입력 도구

악보의 오기를 수정하거나 메모를 하는 일은 음악 교육자뿐만 아니라 연주자에게도 꼭 필요한 일입니다. 입력 도구는 주석 막대에서 선택할 수 있으며, 도구 버튼에서 주석을 선택하거나 화면을 누르고 있으면 열 수 있습니다. 애플 펜슬을 이용하면 바로 주석 모드로 전환되며, 주석 막대는 기호 및 오선을 입력할 수 있는 스탬프와 모양, 쓰기 및 그리기의 드로잉을 비롯하여 복사 및 이동 등의 편집 도구로 구성되어 있습니다.

(따라하며 익히기) **주석 막대**

주석 막대는 위/아래 두 개의 라인이 있으며, 위쪽 라인에는 위치를 이동하거나 페이지 넘기기 및 닫기 버튼으로 구성되어 있습니다.

① 주석 막대는 화면 ❶ 중앙을 탭하여 컨트롤 바를 열고, ❷ 주석 버튼을 탭하여 열 수 있습니다.

② 화면이 작은 경우에는 컨트롤 바에 주석 버튼이 보이지 않을 수 있습니다. 이때는 **①** 도구 버튼을 탭하여 메뉴를 열고, **②** 주석을 선택하여 열 수 있습니다.

③ 주석 막대를 여는 또 다른 방법은 화면을 잠시 누르고 있는 것이며, 애플 펜슬을 이용하면 바로 입력 가능합니다. 참고로 **①** 주석 버튼과 **②** 서비스 버튼은 누르고 있으면 열리는 메뉴에서 주로 사용하는 도구로 변경할 수 있습니다.

④ 주석 막대는 양쪽에 위치한 ❶ 핸들을 드래그하여 위치를 위/아래로 이동시킬 수 있습니다. 상단에 메모를 할 일이 있을 때는 주석 막대를 아래쪽으로 이동시켜야 하는 경우가 자주 있습니다.

⑤ 주석은 ❶ x 버튼을 탭하여 취소하거나 ❷ 확인 버튼을 탭하여 저장할 수 있으며, ❸ 화살표 버튼을 탭하여 페이지를 넘길 수 있습니다.

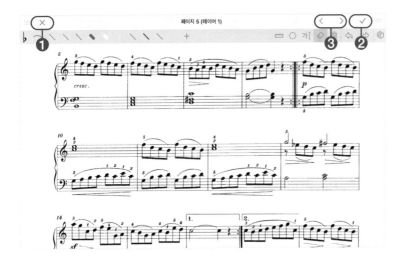

따라하며 익히기 스탬프 및 모양

스탬프와 모양 도구를 이용하여 음악 기호를 빠르고 쉽게 입력할 수 있습니다. 두 도구 중 하나를 탭하여 선택한 다음 다시 탭하면 각 도구에 사용 가능한 모든 옵션이 표시됩니다.

① 주석 막대의 **①** 스탬프 버튼을 선택하고, 다시 탭하면 다양한 음악 기호가 제공됩니다. 아래쪽 **②** 슬라이드를 드래그하면 선택한 기호의 크기를 조정할 수 있습니다.

② 슬라이드 오른쪽의 **①** 숫자를 탭하면 크기를 직접 입력할 수 있는 창이 열리며, **②** 모두 적용을 탭하면 모든 기호의 크기를 한 번에 변경할 수 있습니다.

③ ❶ 색조 버튼을 탭하여 활성화하고, ❷ 팔레트 버튼을 탭하여 사용자가 원하는 색상으로 기호를 입력할 수 있습니다. 팔레트는 ❸ 격자, 스펙트럼, 슬라이더 방식으로 제공되며, ❹ + 기호를 탭하여 자주 사용하는 색상을 추가할 수 있습니다.

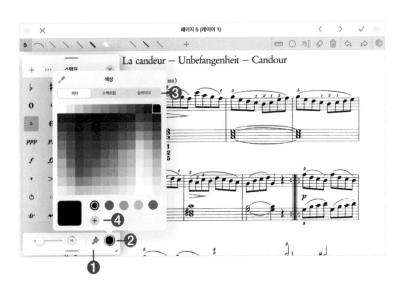

④ 스탬프 기호는 화면에서 손가락 또는 펜슬을 뗄 때 입력되므로, ❶ 정확한 위치는 누르고 있는 상태로 드래그하여 결정합니다.

⑤ 스탬프 도구 버튼의 ❶ + 기호를 탭하면 사용자 싸인이나 회사 로고 등을 스탬프에 등록할 수 있는 창이 열립니다. 싸인을 넣겠다면 ❷ 그리기 탭에서 직접 입력하며, 오른쪽에서 색조, 채도, 밝기, 투명도 및 크기를 조정합니다.

⑥ 지우기 탭은 2개가 있습니다. 첫 번째 ❶ 지우기 탭은 지우개를 이용하듯 사용자가 그린 그림을 문질러 지우는 것이며, 두 번째 ❷ 지우기 탭은 전체를 지우는 명령입니다.

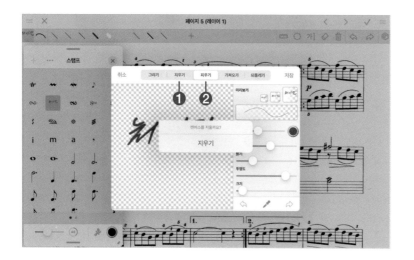

⑦ ❶ 가져오기는 사진 라이브러리 및 파일 앱에 저장되어 있는 회사 로고나 사진 등을 가져올 수 있는 명령이며, 가져온 그림은 그리기 탭에서 편집할 수 있습니다.

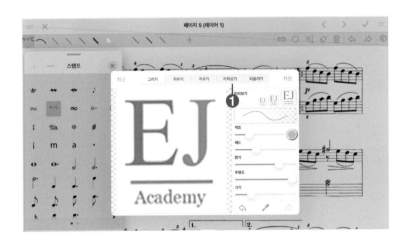

⑧ ❶ 되돌리기는 마지막으로 저장된 상태로 초기화 하며, 작업을 ❷ 취소하거나 ❸ 다시 실행할 수 있는 버튼도 제공됩니다. ❹ 스포이드 버튼은 가져온 사진에서 색상을 선택하는 역할을 합니다. ❺ 저장 버튼을 탭하면 결과물을 ❻ 스탬프에 등록할 수 있습니다.

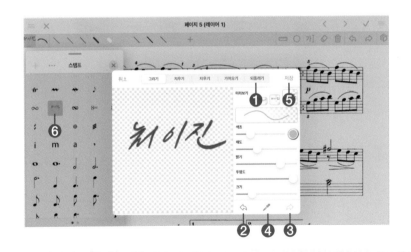

사파리 또는 드래그 앤 드롭을 지원하는 기타 앱을 사용하여 이미지를 찾거나 생성하고 악보 또는 스탬프 그리기 캔버스로 드래그하여 삽입할 수 있습니다.

9 스탬프는 잠시 누르고 있다가 드래그하여 위치를 변경할 수 있고, **1** 정보 버튼을 탭 하면 편집하거나 복제 및 삭제할 수 있는 메뉴를 선택할 수 있습니다.

10 **1** 모양 도구는 슬러나 크레센도 또는 오선 등의 다양한 라인 타입의 스탬프를 제공 합니다. **2** 색상 버튼을 탭하여 각 라인의 색상을 결정할 수 있고, **3** 설정 버튼이 있 는 것은 책상을 채우거나 선의 수를 결정할 수 있는 등의 추가 설정이 가능합니다.

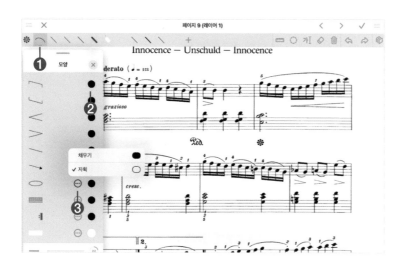

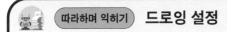 **따라하며 익히기** **드로잉 설정**

스탬프 및 모양에서 다양한 형태의 기호를 제공하고는 있지만, 실제로는 드로잉 도구를 이용하여 사용자가 직접 그려 넣는 방법을 더 많이 사용합니다.

① 주석 막대에서 실제로 많이 사용하는 것은 사용자가 직접 라인 및 글자를 입력할 수 있는 **❶** 드로잉 도구이며, 색상 및 크기별로 다양하게 제공되고 있습니다.

② 드로잉 도구의 순서는 길게 탭하여 드래그로 변경할 수 있고, 선택한 드로잉 도구를 다시 한 번 탭하면 크기 및 색상을 변경할 수 있는 **❶** 편집 창이 열립니다.

③ ❶ + 도구를 탭하면 새로운 스타일의 드로잉 도구를 추가할 수 있지만, 도구 편집 창에서 ❷ 복제 버튼을 탭하여 수정하는 것이 편리할 수 있습니다. ❸ 휴지통 버튼을 탭하면 주석 막대에서 제거됩니다.

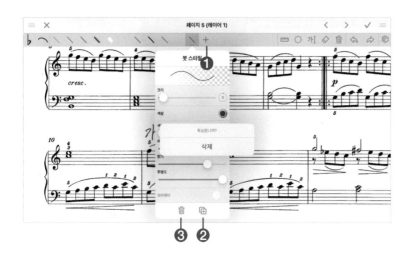

④ 주석은 악보 위에 레이어 방식으로 입력되는 것이기 때문에 악보 자체를 수정할 수는 없습니다. 다만, 드로잉을 ❶ 흰색으로 사용하면 ❷ 지운 것과 같은 효과를 연출할 수 있기 때문에 악보 자체를 수정한 것처럼 만들 수 있습니다.

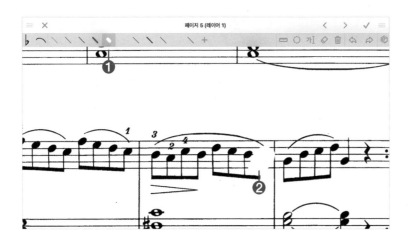

PDF 레이어를 지원하는 forScore Pro 버전에서는 악보 자체를 수정할 수 있습니다.

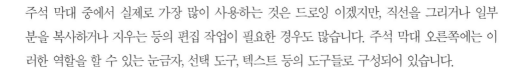

❷ 주석 편집 도구

주석 막대 중에서 실제로 가장 많이 사용하는 것은 드로잉 이겠지만, 직선을 그리거나 일부분을 복사하거나 지우는 등의 편집 작업이 필요한 경우도 많습니다. 주석 막대 오른쪽에는 이러한 역할을 할 수 있는 눈금자, 선택 도구, 텍스트 등의 도구들로 구성되어 있습니다.

따라하며 익히기 **눈금자 도구**

눈금자는 직선을 그리거나 스탬프와 모양을 정확하게 정렬해야 할 때 유용하게 사용할 수 있는 도구입니다.

① 눈금자는 ❶ 도구를 탭하여 화면에 표시할 수 있으며, 드래그하여 위치를 변경하거나 두 손가락으로 회전시킬 수 있습니다. 눈금자를 회전시킬 때 ❷ 각도가 표시되며, 직각 및 대각선에 가까워지면 파란색으로 정확히 맞춰줍니다.

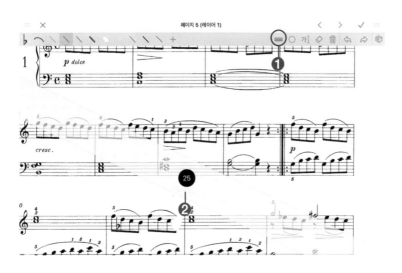

실수로 눈금자를 페이지 가장자리 밖으로 끌어 다시 이동하는 데 문제가 있는 경우 주석 도구에서 눈금자 아이콘을 몇 초 동안 길게 탭하여 위치를 다시 페이지 중앙으로 재설정할 수 있습니다.

② 눈금자 가장자리를 따라 ❶ 직선을 그릴 수 있고, 스탬프 및 모양을 수평으로 정렬할 필요가 있는 경우에는 눈금자 가장자리로 가까이 가져다 놓으면 됩니다.

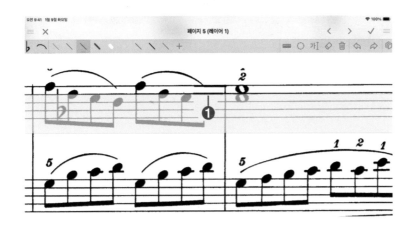

위치 이동

주석 막대가 활성화되어 있는 상태에서 악보의 위치를 이동시킬 때는 두 손가락으로 드래그해야 한다는 것에 주의합니다. 한 손가락을 사용하면 스탬프 및 모양이 입력되거나 라인이 그려지기 때문입니다. 실수를 한 경우에는 ❶ 취소 버튼을 탭하여 작업을 취소할 수 있으며, 필요하다면 설정을 통해 손가락 입력을 방지합니다. 두 손가락을 펴거나 오므려 악보를 확대/축소하는 제스처는 그대로 사용할 수 있습니다.

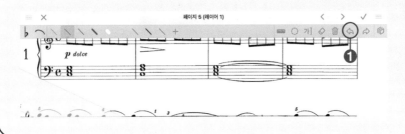

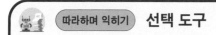 **따라하며 익히기** **선택 도구**

선택 도구를 사용하면 스탬프 및 모양을 포함하여 작성된 주석의 특정 영역을 복사하거나 잘라
내는 등의 편집 작업을 진행할 수 있습니다.

① 선택 도구를 탭하고 다시 한번 더 **❶** 누르면 선택 방법을 결정할 수 있습니다. 기본적
으로 사용자가 그리는 영역을 선택할 수 있는 드로잉 선택 도구입니다.

② 선택한 범위는 드래그로 위치를 이동시킬 수 있으며, 복제, 복사, 잘라내기, 조정, 삭제
기능을 수행힐 수 있는 **❶** 팝업 도구가 열립니다.

③ **❶** 복제는 선택 영역을 복제하여 드래그로 위치를 이동시킬 수 있습니다. 같은 페이지에서 복사 작업을 할 때 주로 사용합니다.

④ 복사 및 잘라 내기는 선택한 범위를 **❶** 붙여넣기로 복사하거나 이동하는 역할을 합니다. 선택 영역 드래그 및 복제와 차이점은 다른 페이지 또는 다른 악보에 붙여 넣을 수 있다는 것입니다. **❷** 엔터 버튼은 동일한 위치에 붙여 넣는 역할을 합니다.

⑤ **❶** 조정 버튼은 선택한 범위의 색상 및 불투명도를 조정할 수 있으며, **❷** 삭제 버튼은 선택 범위를 제거합니다.

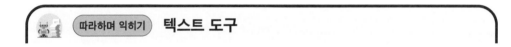

따라하며 익히기 **텍스트 도구**

텍스트 도구를 사용하면 인쇄체를 입력할 수 있습니다. 글자 입력은 키보드와 펜슬을 모두 사용할 수 있으며, 음성 인식도 가능합니다.

① 텍스트 도구를 선택하고 화면을 탭하면 글자를 입력할 수 있는 텍스트 상자가 열리며, **❶** 정보 버튼을 탭하면 포맷 및 레이어를 선택할 수 있는 메뉴가 열립니다.

② 포맷은 글자 스타일과 크기 또는 색상을 결정할 수 있는 창을 열며, ❶ 기본 스타일 만들기를 탭하여 기본 값으로 설정할 수 있습니다.

③ 텍스트 상자 ❶ 왼쪽에 있는 원은 위치를 이동시키는 역할을 하며, ❷ 오른쪽 원은 넓이를 조정하는 역할을 합니다.

④ ❶ 지우기 도구는 펜슬의 더블 탭으로 선택할 수 있으며, 탭하여 크기를 조정할 수 있고, ❷ 휴지통 도구는 전체 주석을 삭제합니다. 레이어를 만든 경우에는 삭제할 레이어를 선택할 수 있는 메뉴가 열립니다.

⑤ 그 밖에 작업 내용을 순차적으로 취소할 수 있는 ❶ Undo 버튼과 취소한 작업을 다시 실행할 수 있는 ❷ Redo 버튼을 제공합니다.

따라하며 익히기 레이어 도구

레이어는 투명 필름으로 비유되며, 모든 주석은 원본 위에 투명 필름을 놓고 작업하는 것과 같이 레이어로 입력이 되기 때문에 원본이 손상되는 경우는 없습니다. 다만, 이미 입력한 주석과 분리하여 새로운 주석을 입력하고 싶을 때 레이어를 추가할 수 있습니다.

① 레이어는 악보 또는 페이지별로 ❶ + 버튼을 탭하여 추가할 수 있으며, 드래그로 순서를 변경할 수 있습니다. 그리고 각 레이어에는 ❷ 이름, ❸ 활성, ❹ 복사, 위쪽 레이어와 합칠 수 있는 ❺ 병합 버튼을 제공합니다. 여러 학생을 교육하는 경우 레이어를 학생 이름으로 구분해 놓고, 활성 버튼을 On/Off 하여 사용하면 유용할 것입니다.

② 레이어를 왼쪽으로 스와이프 하면 해당 레이어에 입력되어 있는 주석을 제거하는 ❶ 지우기 버튼과 레이어를 제거하는 ❷ 삭제 버튼을 사용할 수 있습니다.

LESSON 02 | 악보 편집

❶ 링크 및 버튼

forScore는 악보를 탭하여 달세뇨 및 코다와 같은 반복 위치로 이동할 수 있는 링크 기능을 지원합니다. 모든 링크는 파란색 원(활성화 지점)과 주황색 원(대상 지점)이라는 두 가지 구성 요소로 구성됩니다. 파란색 원은 페이지에 항상 표시되며 탭하면 목적지로 이동합니다. 도착하면 해당 주황색 원이 두 번 깜박여 재생을 시작할 위치를 보여줍니다.

따라하며 익히기 반복 기호로 이동하는 버튼

도돌이표. 달세뇨, 코다 등 페이지를 이동할 수 있는 링크는 도구 버튼에서 선택하여 입력할 수 있으며, 주석 기능을 통해 삭제할 수 있습니다.

① 화면 ❶ 중앙을 탭하여 컨트롤 바를 엽니다. ❷ 도구 버튼을 탭하여 목록을 열고, ❸ 링크를 선택합니다.

② 현재 악보의 복사본 두 개가 나란히 표시됩니다. ❶ 컨트롤 바를 사용하거나 스와이프
하여 링크 버튼을 삽입할 페이지를 찾습니다. 왼쪽 페이지에서 ❷ 활성화 지점을 탭하
여 파란색 원을 생성하고, 오른쪽에서 ❸ 대상 지점을 탭하여 주황색 원을 생성합니다. 그리
고 ❹ 저장 버튼을 탭하여 완료합니다. ❺ + 버튼을 탭하여 링크를 추가할 수도 있습니다.

③ 링크 버튼은 주석 막대의 ❶ 지우기 버튼을 탭하여 삭제할 수 있으며, 그 외의 버튼에
서는 드래그로 위치를 변경할 수 있게 흰색으로 표시됩니다.

링크는 서로 다른 페이지에 있을 필요는 없으며 동일한 페이지에서 시각적 신호로 사용될 수도 있
습니다. 필요한 경우 페이지가 올바른 위치로 위나 아래로 스크롤됩니다.

 **따라하며 익히기** **유튜브로 이동하는 버튼**

악보나 북마크 열기, MIDI 명령 전송, 메트로놈 시작 및 중지, 템포 변경, 오디오 트랙 재생 제어, 피치 재생, 텍스트 메모 표시 등의 작업을 수행할 수 있는 버튼을 삽입할 수 있습니다.

(1) 화면 ❶ 중앙을 탭하여 컨트롤 바를 엽니다. ❷ 도구 버튼을 탭하여 목록을 열고, ❸ 버튼을 선택합니다.

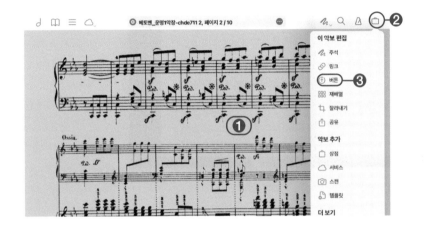

(2) 왼쪽에 버튼을 생성할 수 있는 악보가 열리고, 오른쪽에는 삽입한 ❶ 버튼을 탭했을 때 실행할 작업을 선택할 수 있는 설정 창이 열립니다. ❷ 작업 항목을 탭합니다.

③ 버튼을 탭 했을 때 실행할 작업의 종류 및 버튼 색상을 확인할 수 있습니다. 예를 들어 온라인 교육을 위해 유튜브에 올려놓은 연주 영상으로 연결되게 하려면 ❶ 링크 열기를 탭합니다.

④ 유튜브 영상 링크는 ❶ 공유 버튼을 탭하면 열리는 창에서 ❷ 복사 버튼을 탭하여 클립보드에 저장할 수 있습니다.

⑤ 버튼 설정 창에 ❶ 링크 항목이 표시되며, 탭하여 주소를 입력할 수 있습니다. 키보드에서 ❷ 붙여넣기 버튼을 탭하여 유튜브에서 복사한 주소를 가져다 놓습니다.

⑥ 악보에 ❶ 버튼이 삽입되며, 탭하여 유튜브 영상을 열 수 있습니다. 버튼을 누르고 있으면 삭제 및 작업을 편집할 수 있는 ❷ 설정 창이 열립니다.

❷ 페이지 분할 및 병합

재배열 도구를 사용하면 여러 PDF 파일을 병합하거나 하나를 여러 부분으로 분할하여 문서의 구조를 변경할 수 있습니다. 또한 페이지를 재정렬, 복제, 회전, 삽입 또는 제거하고 결과를 새 파일로 저장하거나 원본을 교체할 수 있습니다.

따라하며 익히기 페이지 재배열

링크는 반복을 처리하는 훌륭한 방법이지만 여전히 손을 뻗어 화면을 탭해야 합니다. 그러나 반복 페이지를 복제하여 재배열하면 자동 회전이나 풋 페달을 사용하여 페이지를 넘기는 연주자에게는 오히려 좋은 방법이 될 수 있습니다.

① 화면 **❶** 중앙을 탭하여 컨트롤 바를 엽니다. **❷** 도구 버튼을 탭하여 목록을 열고, **❸** 재배열을 선택합니다.

② 페이지를 드래그하여 순서를 바꿀 수 있고, 각 썸네일 하단에 있는 버튼은 ❶ 제거, ❷ 회전, ❸ 분할, ❹ 복제의 역할을 합니다.

③ 분할은 파일이 두 개로 나누는 것으로 ❶ 구분선으로 확인되며, ❷ + 기호를 탭하면 파일을 추가하여 하나로 병합할 수 있습니다.

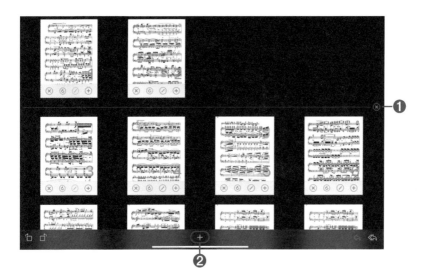

④ 추가 버튼 왼쪽에는 전체 페이지를 ❶ 회전 시킬 수 있는 버튼이 있고, 오른쪽에는 삭제한 페이지를 복구하는 ❷ 취소 및 레이아웃 초기화 버튼이 있습니다.

⑤ 악보 레이아웃 조정이 끝나면 ❶ 다른 이름으로 저장을 눌러 새 파일을 생성하거나 ❷ 저장을 눌러 원본 파일을 덮어씁니다. 두 경우 모두, 링크와 책갈피는 시작 및 끝 페이지가 제거되지 않고, 책갈피의 경우 역전되지 않는 한 유지되고 업데이트됩니다.

따라하며 익히기 · 여백 잘라내기

잘라내기 도구를 사용하면 PDF 파일 자체를 수정하지 않고도 각 페이지 여백을 잘라내어 화면에 꽉 차는 악보를 만들 수 있습니다.

(1) 화면 ❶ 중앙을 탭하여 컨트롤 바를 엽니다. ❷ 도구 버튼을 탭하여 목록을 열고, ❸ 잘라내기를 선택합니다.

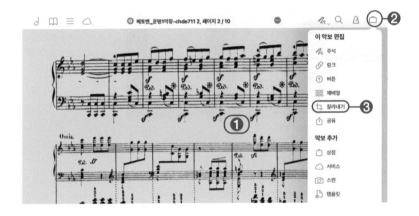

(2) 핀치 동작으로 확대/축소하고, 드래그하여 위치를 설정합니다. 잘리는 여백은 어두운 색으로 표시됩니다. 필요한 경우 핀치 및 드래그 동작의 민감도를 화면 왼쪽의 ❶ 슬라이더를 아래쪽으로 드래그하여 줄일 수 있습니다.

③ 이전 및 다음 페이지는 ❶ 화살표 버튼을 탭하여 이동하며, ❷ 잘라내기를 탭하면 변경 사항을 저장됩니다.

④ 작업 중 잘라내기 전으로 되돌리려면 하단 도구 모음에서 ❶ x 버튼을 탭하고, 저장했던 페이지는 ❷ 잘라내기 취소 버튼으로 되돌릴 수 있습니다.

잘라내기 취소는 7일간 유지되며, 필요하다면 백업 패널에서 복구할 수 있습니다.

⑤ 잘라내기는 페이지를 로드할 때 자동으로 가장 적합한 페이지를 찾아 여백이 조정되는데, 필요하다면 ❶ 자동 위치 지정 버튼을 탭하여 재설정할 수 있습니다.

⑥ 페이지가 비뚤어진 경우 ❶ 기울기 조정 버튼으로 수정할 수 있습니다. 버튼을 탭하면 왼쪽 및 오른쪽으로 드래그하여 기울기를 조정할 수 있는 ❷ 격자가 나타납니다.

⑦ ❶ 가이드 버튼을 탭하면 세로 및 가로 기기 방향에서 페이지가 어떻게 보이는지 확인할 수 있으며, 페이지를 드래그하여 위치를 조정할 수 있습니다.

⑧ ❶ 모두 버튼을 탭하면 모든 페이지를 자동으로 잘라낼 것인지, 현재 설정을 모든 페이지에 적용할 것인지를 선택할 수 있습니다.

★LESSON★ 03 | 오디오 유틸리티

❶ 메트로놈

forScore의 메트로놈을 사용하면 여러 가지 방법을 사용하여 시간을 유지할 수 있습니다. 듣기 모드에서는 설정한 분당 비트수(BPM)에 따라 일정한 간격으로 틱 소리가 들립니다. 보기 모드를 사용하면 악보 가장자리 주위에 검은색 테두리가 깜빡여 전체 페이지를 볼 수 있으면서도 시각적으로 시간을 유지할 수 있습니다. 원하는 경우 둘 다 모드를 사용하여 메트로놈을 동시에 보고 들을 수 있습니다.

따라하며 익히기   메트로놈 사용하기

메트로놈 템포는 탭, 드래그, 입력의 다양한 방법으로 설정할 수 있으며, 메트로놈 템포에 맞추어 페이지를 자동으로 넘길 수 있습니다.

① 화면 중앙을 탭하여 컨트롤 바를 열고, ❶ 메트로놈 모양의 버튼을 탭하면 Metronome, Pitch, Tuner 탭으로 구성된 창이 열립니다.

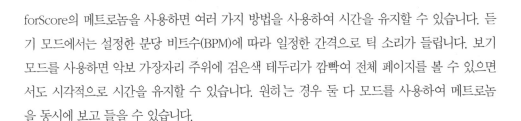

② 메트로놈 템포 설정은 악보마다 자동으로 저장됩니다. 템포는 ❶ 검정색 원을 돌리거나 +/- 버튼을 탭하여 조정할 수 있으며, 중앙에 ❷ 탭이라고 표시되어 있는 글자를 두 번 탭하는 속도를 감지하여 조정되게 할 수도 있습니다.

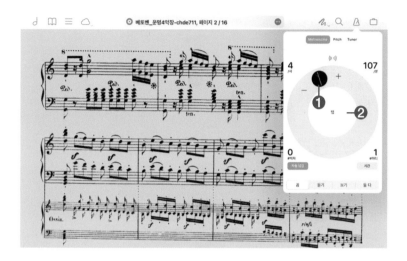

③ 메트로놈은 기본적으로 4/4박자로 설정되어 4박자 마다 하이 톤이 연주됩니다. 박자를 변경하고 싶다면 왼쪽 상단의 ❶ /사로 표시되어 있는 숫자를 탭하여 입력합니다.

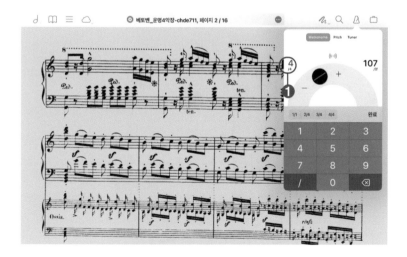

④ 왼쪽 하단의 ❶ #박자라고 표시되어 있는 숫자를 탭하여 해당 페이지의 박자 또는 마디 수를 입력하고, ❷ 자동 넘김 버튼을 On으로 하면 메트로놈에 맞추어 페이지를 자동으로 넘길 수 있습니다.

⑤ 오른쪽 하단의 ❶ 시간 버튼은 특정 소절 이후 메트로놈이 자동으로 꺼지게 합니다. #마디 숫자를 탭하여 필요한 마디 수를 입력하고, 시간 버튼을 On으로 하면 설정된 마디 이후에 메트로놈이 꺼집니다.

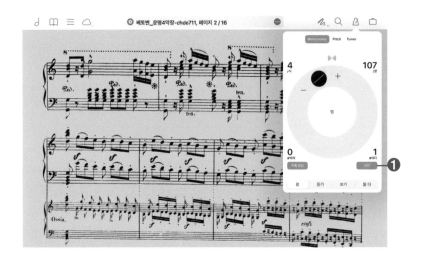

6 메트로놈은 **❶** 듣기 버튼을 탭하여 작동시킬 수 있으며, **❷** 보기 버튼을 탭하면 화면 가장 자리가 깜빡이는 동작으로 표시할 수 있습니다. **❸** 둘 다를 선택하면 소리와 깜빡임 둘 다 진행됩니다.

오디오 유틸리티 창에는 메트로놈 외에 악기 조율을 위한 피치와 튜너를 제공합니다.

1 주변이 조금 시끄러운 야외에서 악기를 조율할 때 사용할 수 있는 피치는 오디오 유틸리티 창의 **❶** Pitch 메뉴를 탭하여 열 수 있습니다.

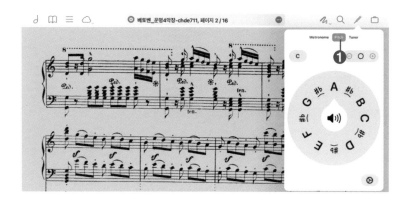

②　피치는 ❶ 휠을 돌려 선택할 선택할 수 있으며, 중앙의 ❷ 스피커 버튼을 탭하여 소리를 듣고 악기를 조율할 수 있습니다.

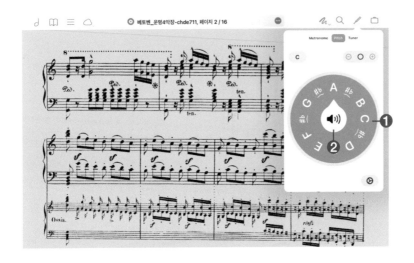

③　상단 왼쪽에는 4도 이동이 가능한 ❶ C/F 버튼이 제공되며, 오른쪽에는 피치를 옥타브로 올리거나 내릴 수 있는 ❷ 증/감 버튼을 제공합니다.

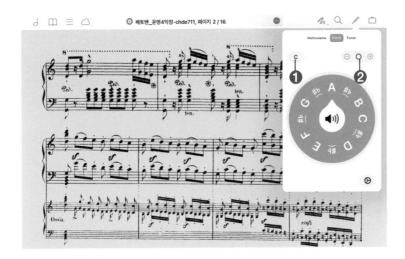

④ 오른쪽 하단의 ❶ 정보 버튼을 탭하면 음색 및 재생 방법을 선택할 수 있는 창이 열립니다. ❷ 음색은 톤 외에 클라리넷, 피아노, 첼로, 트럼펫을 선택할 수 있습니다.

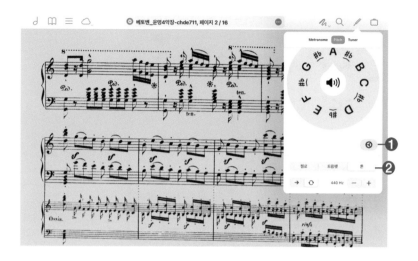

⑤ 톤은 한 번만 연주되는 ❶ 원 샷과 계속 재생되는 ❷ 루프 중에서 선택할 수 있으며, 음색은 이것에 따라 달라집니다. 기본 피치는 세계 표준의 440Hz 외에 바로크 및 민속 음악 등 필요한 경우에 변경 가능합니다.

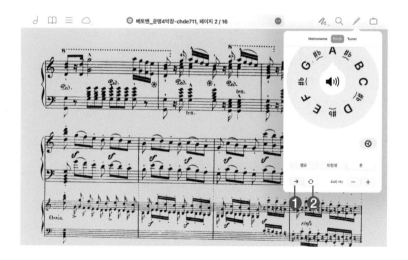

6 조용한 실내 또는 라인으로 연결된 악기는 ❶ Tuner 메뉴를 선택하여 조율할 수 있습니다. 기본 피치는 ❷ A이며 탭하여 변경할 수 있습니다.

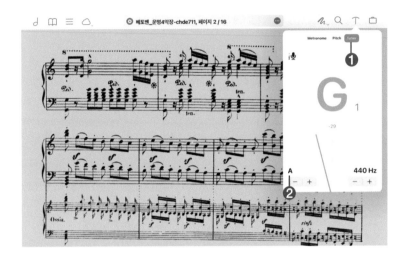

7 왼쪽 상단의 마이크 버튼을 탭하면, 입력 레벨을 선택할 수 있습니다.

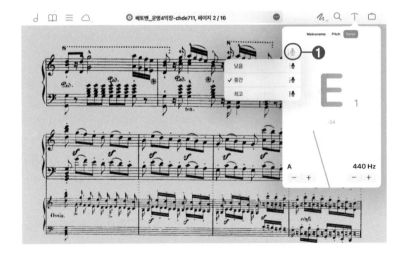

따라하며 익히기 **피아노**

forScore는 언제 어디서든 멜로디를 연주해볼 수 있는 가상 피아노를 제공합니다.

(1) ❶ 도구 버튼의 ❷ 피아노를 선택하면 터치 연주가 가능한 피아노 건반을 열 수 있습니다. 크기는 왼쪽의 ❸ 핸들을 드래그하여 조정할 수 있고, ❹ 서스테인 버튼을 제공합니다. 위치는 중앙의 ❺ 바를 드래그하여 조정할 수 있습니다.

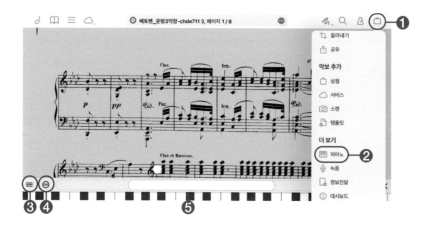

(2) 오른쪽의 ❶ 정보 버튼을 탭하면 노트 이름을 표시하는 레이블, 악보를 화면에 맞추는 디스플레이 모드, 건반을 확대/축소할 수 있는 메뉴가 열립니다. 건반은 ❷ X 버튼을 탭하여 닫을 수 있습니다.

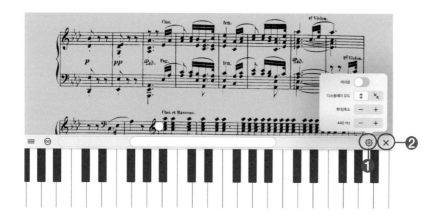

❷ 오디오 재생 및 녹음

악보에 외부 오디오를 연결하거나 사용자 연주를 녹음하여 재생되게 할 수 있습니다. 오디오가 연결된 경우 악보 하단에 재생 컨트롤이 표시되며, 화면 중앙을 탭하여 감추거나 열 수 있습니다. 선생님 또는 아티스트의 모범 연주 또는 자신의 연주를 모니터하는 용도로 사용할 수 있고, 반주가 재생되게 해 놓고 솔로 악기를 연습하는 목적으로도 사용할 수 있는 이 기능은 음악을 교육하는 강사나 혼자서 공부를 하는 학생들 모두에게 유용할 것입니다.

따라하며 익히기 유튜브 음악 다운로드

forScore는 음악 폴더에 저장된 음악은 물론이고, 유튜브를 비롯한 다양한 콘텐츠에서 다운 받은 음악을 바로 악보에 연결하여 재생할 수 있습니다.

① 유튜브 콘텐츠를 다운받는 방법은 다양합니다. 그 중에서 별도의 앱을 필요로 하지 않는 방법은 주소 표시줄을 탭하여 ❶ 커서를 .com 앞에 가져다 놓고, zz를 입력하는 것입니다.

② Go 키를 탭하면 다운로드 사이트에 이동됩니다. **❶** MP3를 선택하고, **❷** Download 버튼을 탭합니다. 음질은 320kbps가 가장 좋습니다.

③ 다운로드 및 컷 편집 여부를 묻는 창이 열립니다. **❶** Download 버튼을 탭합니다. 필요하다면 Edit & Cut으로 필요한 구간만 잘라서 다운 받을 수도 있습니다.

④ 다운로드가 완료 되면, 주소 표시줄 오른쪽의 ❶ 다운로드 버튼이 활성화 되며, 이를 탭하면 다운 받은 파일 목록이 열립니다. ❷ 파일 이름을 탭하여 엽니다.

⑤ 다운 받은 음악을 재생할 수 있는 플레이어가 열립니다. 오른쪽 상단의 ❶ forScore에서 열기 버튼을 탭합니다.

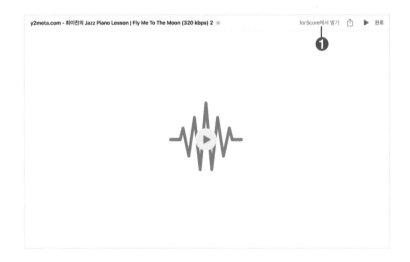

6 컨트롤 바의 **❶** 스코어 버튼을 탭하여 목록을 열고, 오디오를 연결할 곡의 **❷** 속성 버튼을 탭하여 메타데이터 창을 엽니다. 현재 보고 있는 악보에 연결하고자 할 때는 **❸** 제목 표시줄을 탭하여 열어도 좋습니다.

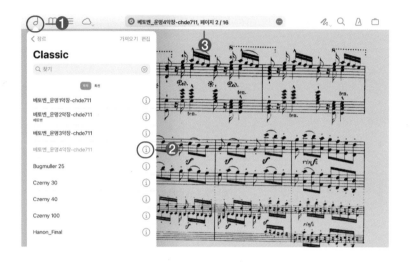

7 메타데이터 창의 **❶** 오디오 탭을 선택하고, **❷** 연결 버튼을 탭하여 앞에서 전송한 파일을 선택합니다. 애플 뮤직 보관함에 저장된 음악은 **❸** 추가 버튼을 탭하여 연결할 수 있습니다.

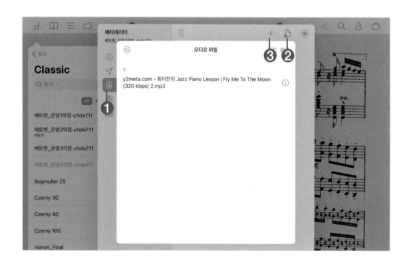

오디오 파일이 연결되어 있는 악보는 화면 중앙을 탭하면 아래쪽에 오디오를 재생할 수 있는 미디어 패널이 열리며, 패널 상단에 작은 검정색 라인으로 표시되는 부분을 탭하거나 위/아래로 끌어 표시하거나 숨길 수 있습니다.

① 미디어 패널 오른쪽에는 곡을 ❶ 처음으로 이동, ❷ 재생, ❸ 정지 버튼을 제공합니다. ❹ 슬라이더를 드래그하여 위치를 이동할 수 있습니다.

② ❶ 조정 버튼을 탭하면 오디오의 재생 속도와 피치를 조정할 수 있습니다. 피치는 ❷ 반음 또는 ❸ 센트(1/100) 단위로 조정할 수 있으며, ❹ 속도는 증/감 외에 50%(1/2), 75%(3/4), 100%(1X)를 선택할 수 있는 버튼을 제공합니다.

③ ❶ 다시 플레이 버튼을 탭하면 음악에 맞추어 페이지가 자동으로 넘어가게 만들 수 있습니다. 버튼을 탭하면 열리는 창에서 ❷ 시작 버튼을 탭합니다.

④ 시작 버튼을 탭하면 곡이 재생됩니다. 곡에 맞추어 페이지를 넘기면 자동으로 악보에 기록됩니다. 곡이 끝나면 자동으로 종료되며, 도중에 종료하고 싶은 경우에는 오른쪽 상단의 ❶ X 버튼을 탭합니다.

⑤ 페이지 넘기기 버튼이 켜져 있는 동안 슬라이더에 작은 세로 줄로 위치가 표시되며, 오른쪽 끝에 ❶ 정보 버튼을 탭하면 페이지 전환을 편집할 수 있는 창이 열립니다. 필요한 경우 ❷ 슬라이드 및 ❸ 파형을 드래그하고, ❹ 정보 버튼을 탭하여 수정할 수 있으며, ❺ 지우기를 탭하여 초기화할 수 있습니다.

⑥ ❶ 루핑 버튼을 탭하면 오디오의 일부를 반복시킬 수 있습니다. 슬라이더에 두 개의 ❷ 핸들이 표시되며 왼쪽과 오른쪽으로 드래그하여 반복 범위을 설정할 수 있습니다.

⑦ 슬라이더 오른쪽 끝의 ❶ 정보 버튼을 탭하면 파형을 보면서 범위를 정확하게 설정할 수 있습니다. ❷ 왼쪽이 시작 파형이고, ❸ 오른쪽이 끝 위치입니다. 창은 정보 버튼을 탭하여 닫을 수 있습니다.

⑧ 열쇠 모양의 ❶ 잠금 버튼은 오디오가 재생되는 동안 실수로 다음 또는 이전 악보로 전환되는 것을 방지합니다. 단, 이 기능을 사용하려면 사전 설정이 필요합니다. 도구 버튼에서 ❷ 설정을 탭하여 창을 엽니다.

⑨ ❶ 페이지 전환을 탭하여 모두로 변경하고 ❷ 닫습니다. 미디어 패널의 잠금 버튼이
활성화되는 것을 확인할 수 있습니다.

⑩ 하나의 악보에 두 개 이상의 오디오 파일을 연결할 수 있으며, ❶ 앨범 창을 좌/우로
스와이프 하거나 왼쪽 및 오른쪽 버튼을 탭하여 이동할 수 있습니다. 에어팟 및 외부
스피커를 사용하는 경우 ❷ AirPlay 버튼을 탭하여 해당 장치를 선택할 수 있습니다.

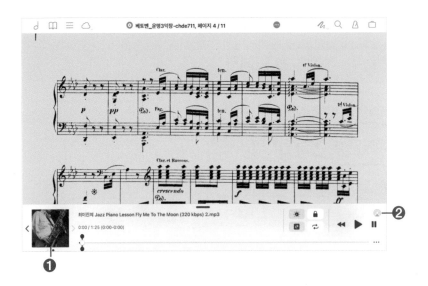

따라하며 익히기 **연주 녹음하기**

솔로 악기 연습을 위한 반주 또는 사용자 연주를 녹음하여 연습 세션을 검토하거나 진행 상황을
동료 및 친구들과 공유할 수 있습니다.

(1) 사용자 연주를 녹음하기 위한 컨트롤은 도구 버튼의 ❶ 녹음을 선택하여 엽니다.

(2) ❶ 마이크 버튼을 탭하여 녹음을 시작하거나 정지할 수 있습니다. 저장된 녹음은 자
동으로 현재 악보에 연결되며, ❸ 정보 버튼을 탭하여 제목을 스와이프하면 녹음 파일
을 공유하거나 연결 해제 및 삭제할 수 있습니다.

❸ 미디 신호 전송 및 수신

디지털 피아노 및 신디사이저 등의 미디 악기를 아이패드와 연결하여 forScore를 제어할 수 있습니다. 악기에서 제공하는 다양한 컨트롤러를 이용하여 악보를 불러오거나 라이브러리 악보를 열 때 특정 메시지를 악기로 전송하여 시스템을 설정할 수 있는 등의 고급 기능을 제공합니다.

 따라하며 익히기 **미디 신호로 악보 열기**

디지털 피아노 또는 신디사이저에서 프로그램 및 시스템 징보를 forScore로 전송하여 사용자가 연주할 악보를 열 수 있습니다.

① 대부분의 디지털 피아노 또는 신디사이저는 USB-B 타입으로 되어 있고, 아이패드는 USB-C 타입이기 때문에 두 장치를 연결하려면 USB B to C 케이블이 필요합니다. 무선으로 연결하고자 한다면 블루투스 미디 어뎁터라는 별도의 장치를 사용합니다.

▲ USB B to C 케이블

▲ Bluetooth MIDI 어뎁터

② ❶ 제목 표시줄을 탭하여 메타데이터 창을 열고, ❷ MIDI 항목을 선택합니다. 미디 악기에서 메시지를 전송하여 악보를 불러오는 ❸ 열기, 악보를 열 때 미디 악기에 메시지를 보내는 ❺ 전송, 그리고 자주 사용하는 메시지를 기록해둘 수 있는 ❹ 프리셋 탭으로 구성되어 있습니다. 열기 탭에서 ❻ + 버튼을 탭합니다.

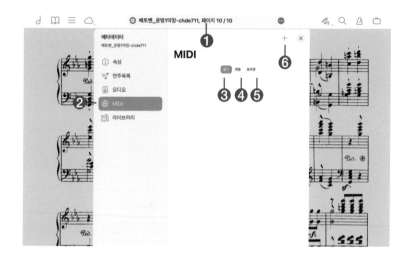

③ 프로그램 변경, 헥사코드, 노래 선택 중에서 전송할 메시지를 선택합니다. 헥사코드는 미디 지식이 필요하고, 노래 선택은 지원 악기가 필요하므로, 일반적으로 ❶ 프로그램 변경을 사용합니다. 잘 모르겠다면 ❷ 학습을 선택해도 좋습니다.

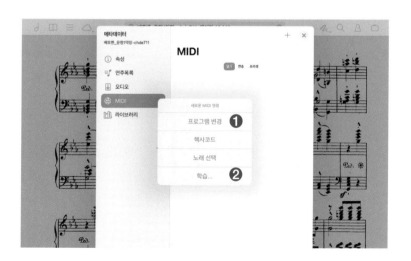

④ 프로그램(음색) 변경은 4자리로 선택하며, 첫 번째는 ❶ 채널, 두 번째와 세 번째는 뱅크 및 맵 선택을 위한 ❷ MSB와 ❸ LSB, 네 번째는 ❹ 프로그램 번호입니다. 채널은 1번을 그대로 두고, 악기 매뉴얼을 참조하여 뱅크 및 프로그램 번호를 입력합니다. 단, 악기의 프로그램 번호가 1번부터 시작하는 경우 미디 메시지는 0번부터 시작하므로, 해당 번호에서 -1을 적용하여 입력합니다. 프로그램 번호가 1번이라면 0을 입력하는 것입니다.

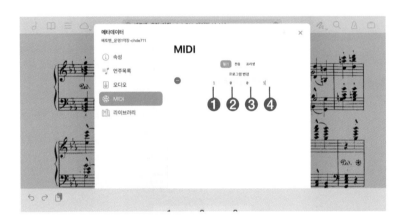

⑤ MSB는 일반적으로 0을 많이 사용하고, LSB도 0번부터 시작하므로 기본값 그대로 두고, 프로그램 번호만 입력하면 될 것입니다. 잘 모르겠다면 메시지 추가 창에서 학습을 선택하여 자동으로 수신되게 합니다. 학습을 선택하면 ❶ 듣는 중이라는 문자가 표시되고, 악기에서 음색을 선택하면 프로그램 번호가 자동으로 입력됩니다. 이때 자신이 사용하고 있는 악기의 MSB 및 LSB를 확인해두면 좋습니다.

열기 탭에서 프로그램 번호를 입력하면 악기에서 프로그램을 선택할 때 해당 악보가 열립니다. 반대로 악보를 열 때 미디 메시지를 악기에 전송할 수 있습니다.

1 forScore의 미디 입/출력은 열기 보다 전송 기능을 더 많이 사용합니다. ❶ 전송에서 ❷ + 버튼을 탭하면 ❸ 지연이 추가된 목록을 볼 수 있습니다. 프리셋을 만들어 두었다면 ❹ 프리셋 선택 목록도 볼 수 있습니다.

2 프로그램 선택 및 시스템 정보 메시지 등에 관한 지식이 없다면 학습을 선택하여 자동으로 설정합니다. 두 개 이상의 정보를 입력할 때 정상적으로 수신되지 않는 경우가 있습니다. 이때는 각 메시지 사이에 ❶ 지연을 추가하여 일정 간격을 두고 수신되게 합니다. 지연 타임을 1000분 1초를 의미하는 milliseconds(ms) 입니다.

③ 미디 전송 메시지는 메타데이터보다 버튼으로 연결하는 경우가 많습니다. 예를 들어 Verse에서 피아노 음색으로 연주하다가 Chorus에서 스트링 음색으로 연주하고자 할 때입니다. 도구 버튼에서 ❶ 버튼을 선택합니다.

④ 화면 왼쪽에서 버튼을 삽입할 위치를 ❶ 탭하여 배치하고, 오른쪽 화면의 ❷ 작업에서 MDI를 선택합니다.

⑤ ❶ + 기호를 탭하여 ❷ 프로그램 변경을 선택하여 음색 번호를 입력합니다. 역시 잘 모르겠다면 ❸ 학습을 선택하여 악기에서 직접 선택해도 좋습니다. ❹ 저장을 탭하여 창을 닫습니다.

⑥ 악보에 삽입된 ❶ 버튼을 탭하여 악기의 프로그램을 변경할 수 있습니다. 버튼을 누르고 있으면 정보를 수정하거나 ❷ 삭제할 수 있는 창이 열립니다.

연주자에게 미디 정보가 다소 어려울 수 있지만, 학습 기능을 제공하고 있기 때문에 별다른 지식이 없어도 사용하는데 큰 문제는 없을 것입니다. 디지털 피아노 및 신디사이저를 사용하는 연주자에게 유용한 기능이므로 확실히 익혀서 활용할 수 있기를 바랍니다.

forScore

turbocharge your sheet music

더 보기

★LESSON★ 01 | 연습 일지 작성하기

❶ 대시보드

악기를 연습하는 학생에게 기록 일지를 작성하는 일은 매우 중요한 습관입니다. forScore는 악보, 북마크 및 연주 목록을 얼마 동안 보고 연습했는지를 추적하여 기록하는 대시보드 기능을 제공합니다. 이를 활성화하면 모든 정보는 자동으로 기록되며, 수집된 정보는 연주 습관에 대한 귀중한 통찰력을 제공하고 올바른 방향을 유지하는데 큰 도움이 될 수 있습니다.

따라하며 익히기 연습 목표

대시보드의 목표 탭은 일별, 주별, 월별 또는 전체 기간에 대한 최소 조회수 또는 연주 시간을 달성하는 데 도움이 됩니다. 목표는 항목별 또는 연주 목록 별일 수 있고, 보다 일반적일 수도 있습니다.

① 도구 버튼의 ❶ 대시보드를 선택합니다.

② 첫 실행의 경우 사용자 데이터 수집 허용 여부를 묻는 창이 열리며, ❶ 계속 버튼을 탭하여 동의합니다.

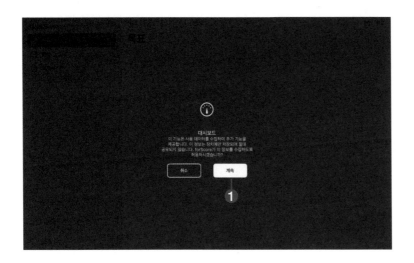

③ 목표는 ❶ + 기호를 탭하여 추가할 수 있으며, 현재 진행 상황은 원형 보기로 표시됩니다. 목표가 시간별인 경우 ❷ 탭하여 이전 학기에 대한 결과를 표시할 수 있습니다.

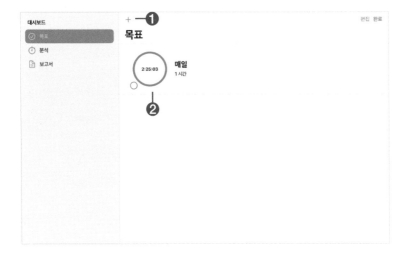

④ 목표는 원형을 탭하여 새로 만들거나 편집할 수 있습니다. **❶** 콘텐츠 항목에서 연습할 악보 또는 연주 목록을 선택하고, 매일, 매주, 매월로 기간을 결정한 다음에 연습 시간 및 횟수를 설정하여 **❷** 완료할 수 있습니다.

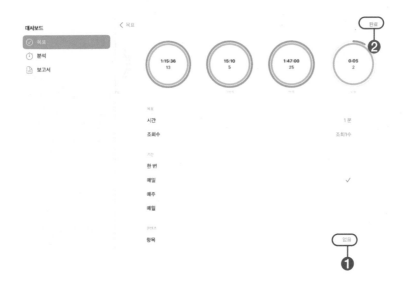

⑤ 화면 상단의 타임라인에는 지난 결과가 표시되며, **❶** 탭하여 이메일 및 메시지 등을 통해 친구나 동료와 진행 상황을 공유할 수 있습니다.

따라하며 익히기 **연습 분석**

대시보드의 분석 탭을 통해 지난 90일 동안 해당 항목을 얼마나 자주 보거나 재생했는지 확인할 수 있습니다.

① 원하는 ❶ 날짜를 탭하면 화면 하단에 선택 날짜의 모든 내용이 표시되며 가장 많이 재생되거나 가장 많이 본 것부터 정렬됩니다. ❷ 항목이나 연주 목록을 탭하면 지난 90일 동안 해당 항목을 얼마나 자주 보거나 재생했는지 확인할 수 있습니다.

② ❶ 정보 버튼을 탭하면 경로 이동 상태를 일시 정지시키거나 주석을 추가하는 동안 기록할 수 있으며, 대시보드 로그를 지우거나 비활성화할 수 있습니다.

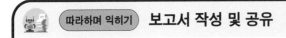

따라하며 익히기 **보고서 작성 및 공유**

대시보드의 보고서 탭을 사용하면 보다 자세한 정보를 동료나 강사와 연습 기록을 주기적으로 공유할 수 있습니다.

① 보고서 탭의 ❶ + 버튼을 탭하여 내 보고서를 만들고, ❷ 이름을 탭하여 보고서를 작성하거나 ❸ 정보 버튼을 탭하여 세부 사항을 편집할 수 있습니다.

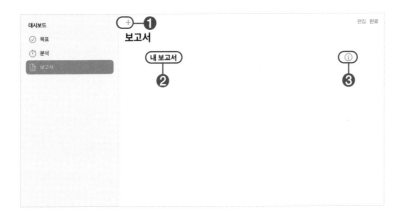

② 설정 창은 새로 만든 보고서의 이름을 변경하고, 항목 및 연주 목록에 대한 진행 상황을 표시하도록 정의할 수 있습니다. 일, 주, 개월로 기간을 설정하고, ❶ 뒤로 버튼을 탭하여 이동합니다.

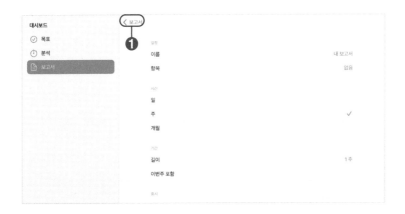

③ 편집 창의 ❶ 펜슬 도구를 탭하면 화면 아래쪽에 애플 펜슬을 이용하여 메모할 수 있는 드로잉 도구가 열립니다.

④ 드로잉 도구는 좌/우로 스와이프하여 ❶ 펜, ❷ 모노라인, ❸ 마커, ❹ 지우기, ❺ 올가미, ❻ 줄자, ❼ 연필, ❽ 크레용, ❾ 만년필, ❿ 수채화 중에서 선택할 수 있으며, 펜슬을 더블 탭하면 지우개와 마지막 선택한 도구 사이를 전환할 수 있습니다.

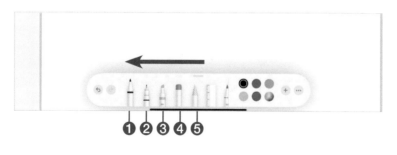

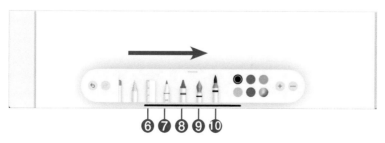

⑤ 펜슬 색상은 드로잉 도구 오른쪽의 색상 프리셋 또는 ❶ 색상 팔레트를 탭하여 선택할 수 있으며, 드로잉 도구를 탭하면 선의 굵기 및 불투명도를 조정할 수 있습니다.

⑥ 색상 버튼 오른쪽의 ❶ + 기호를 탭하면 스티커, 텍스트, 서명, 모양을 추가할 수 있는 메뉴가 열리며, 앨범에 저장된 사진이나 이모티콘, 텍스트, 서명 및 도형 등을 입력할 수 있습니다.

⑦ ❶ 설정 버튼을 탭하면 드로잉 도구 창을 최소화 할 것인지, 손가락을 사용할 수 있게 할 것인지, 펜의 색상 및 굵기를 미리보기로 표시할 것인지 등의 옵션을 On/Off 할 수 있습니다. 펜슬 설정은 설정 앱의 Apple Pencil 페이지를 엽니다.

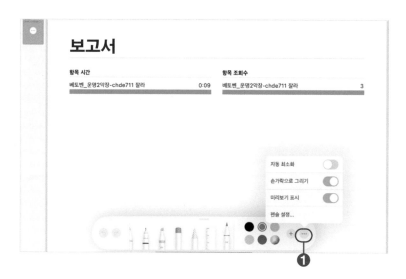

⑧ ❶ 페이지를 탭하면 빈 페이지 또는 파일 또는 사진을 추가할 수 있습니다. 완료된 보고서는 ❷ 공유 버튼을 탭하여 동료나 강사와 주기적으로 공유할 수 있습니다.

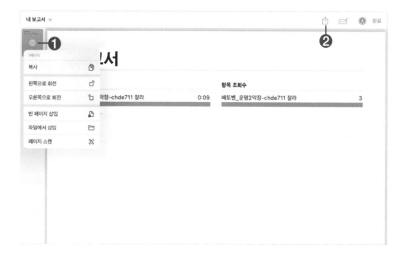

❷ 메일로 보내기

악보, 북마크, 연주목록, 대시보드 등 forScore 파일은 나의 iPad 또는 iCloud Drive에 저장하는 것 외에도 학생 및 팀원과 공유할 일이 많습니다. 맥은 자체적으로 AirPlay 및 Handoff 공유 기능을 제공하지만 근접 장치에 해당하기 때문에 실제로는 페이스 타임이나 카톡 또는 이메일을 이용하는 경우가 많습니다. 특히, 용량이 큰 경우에는 이메일을 가장 적합한데 Google이나 Yahoo는 로그인 과정만 거치면 되지만, 국내 사용자가 많은 네이버나 다음과 같은 경우에는 사전 설정이 필요합니다.

 따라하며 익히기   권한 설정

아이패드에서 이메일을 사용하기 위한 사전 설정을 각 포털 사이트마다 차이가 있지만, 대부분 비슷합니다. 네이버의 경우를 살펴보겠습니다.

① 자신의 네이버 메일에 접속하여 왼쪽 사이드 바 아래쪽에 있는 ❶ 환경 설정을 클릭하여 엽니다. 상단 메뉴에서 ❷ POP3/IMAP 설정을 선택하여 페이지를 열고, ❸ IMAP/SMPT 설정에서 ❹ 사용함을 체크합니다. 그리고 ❺ 저장 버튼을 클릭하여 완료합니다.

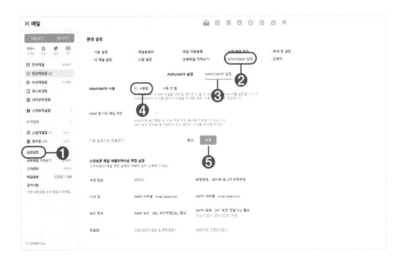

② 구글이나 야후 메일을 사용하는 경우에는 사전 설정이 필요 없으며, 로그인 과정만 진행하면 됩니다. 도구 버튼에서 ❶ 공유를 선택합니다.

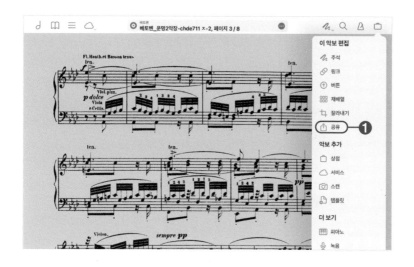

③ ❶ PDF 및 ❷ 주석이 포함된 PDF 또는 forScore ❸ 전용 파일(4SC)로 공유할 수 있습니다. 원하는 타입을 선택합니다.

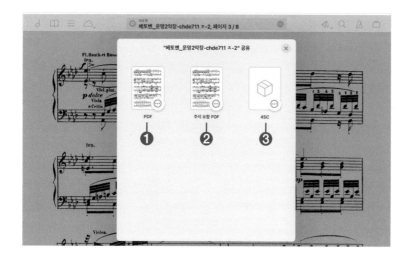

④ 구글이나 야후 등 목록에 있는 메일을 사용하고 있다면 탭하여 로그인 합니다. 현재 목록에 없는 네이버 메일 사용법을 살펴보고 있으므로 ❶ 기타를 탭합니다.

⑤ 사용자 ❶ 이름(닉네임)과 ❷ 이메일 및 ❸ 암호를 입력하여 로그인 합니다. 자동으로 입력되는 ❹ 설명 항목은 이메일 계정 이름으로 사용되며, 다음부터 이 과정 없이 바로 보낼 수 있습니다. 구글 메일로 로그인 한 경우에도 마찬가지입니다.

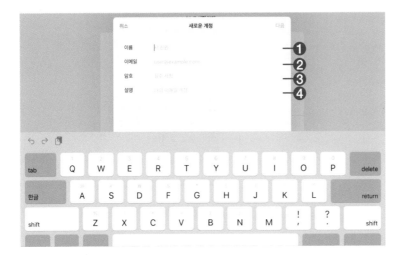

따라하며 익히기 **계정 추가하기**

메일을 개인용과 업무용으로 구분해서 2개 이상 사용하는 경우가 많습니다. 이를 위한 계정 추가는 설정 앱에서 진행합니다.

1 ❶ 설정 앱을 실행하고 사이드 바에서 ❷ Mail을 선택하여 페이지를 엽니다. ❸ 계정을 선택하여 창을 열고, ❹ 계정 추가를 탭합니다.

2 구글 및 야후 등 ❶ 추가 목록에 있는 것들은 사전 설정 없이 탭하여 ❷ 로그인하고 인증을 하면 추가됩니다.

③ 2개 이상의 계정을 등록해 놓은 경우에는 forScore에서 메일을 전송할 때 ❶ 보내는 사람을 선택할 수 있습니다. 마지막 선택은 또 다시 변경하기 전까지 유지됩니다.

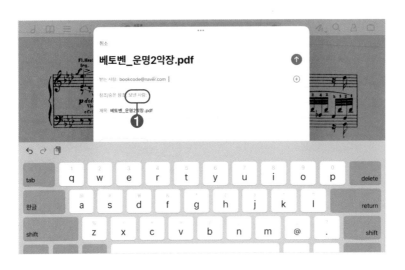

④ 필요하다면 설정 앱의 Mial에 등록되어 있는 계정을 선택하여 ❶ Mail을 일시적으로 중단시키거나 ❷ 삭제할 수 있습니다.

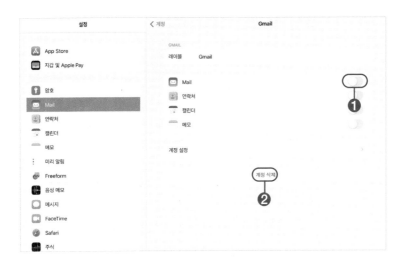

따라하며 익히기   메모 추가하기

친구 및 동료에게 악보와 메모를 메일로 보낼 때 각각의 파일을 저장해서 보내도 좋지만, 악보 자체에 메일을 추가할 수도 있습니다.

① 도구 버튼에서 **❶** 설정을 탭하여 창을 엽니다.

② 설정 창 아래 쪽의 더 보기 섹션에서 **❶** 고급 옵션을 탭하여 열고, **❷** 메모를 활성화 합니다. 그리고 설정 창을 닫습니다.

③ 도구 버튼에 **❶** 메모 메뉴가 추가된 것을 확인할 수 있습니다. 탭하여 엽니다.

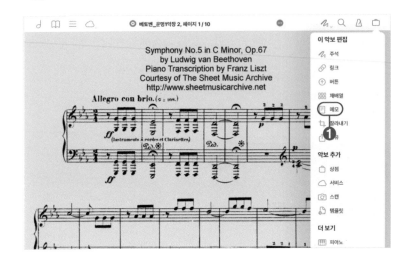

④ 메모를 입력하고 상단의 **❶** 알림 버튼을 활성화해 놓으면 친구 및 동료가 악보를 열었을 때 화면 상단에 알림 창이 뜨고, 도구 버튼에서 메뉴를 탭하여 내용을 확인할 수 있습니다. 악보 마다 메모를 해 놓는 용도로도 유용합니다.

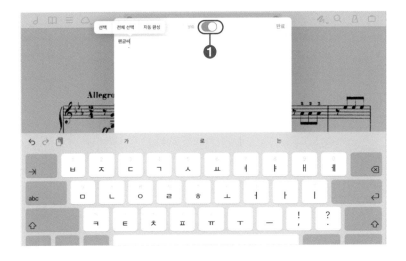

아이팟 제스처

forScore는 기본적으로 탭과 스와이프 동작을 이용하여 페이지를 넘길 수 있지만, 실제로 손을 쓰기 어려운 현악 및 관악기 연주자에게는 의미가 없습니다. 그래서 보통은 PageFlip, AirTurn, IK Multimedia 등에서 출시되고 있는 페이지 터너라는 장치를 이용하여 발 페달로 페이지를 넘기는 방법을 이용합니다. 하지만 피아노 연주자에게는 이것도 불편하기 때문에 머리 회전 및 윙크 또는 입의 움직임으로 페이지를 넘길 수 있는 forScore Pro 버전으로의 업그레이드를 고려하게 됩니다. 다만, 구독형이라서 페이지를 넘기기 위한 목적 하나로 권장하기는 어렵습니다. 다행히 AirPods을 가지고 있는 경우라면 업그레이드를 하지 않아도 머리 회전 제스처를 사용할 수 있습니다.

설정 창에서 ❶ 장치 항목을 탭하여 열고, ❷ AirPods를 선택하여 ❸ 제스처 기능을 활성화하면 됩니다. 에어팟은 한쪽만 사용해도 되며, 감도를 조정할 수 있습니다.

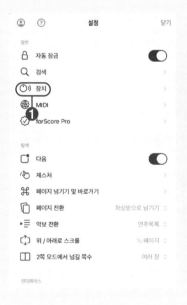

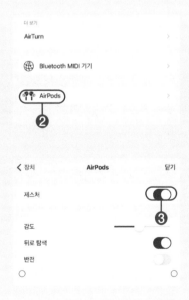

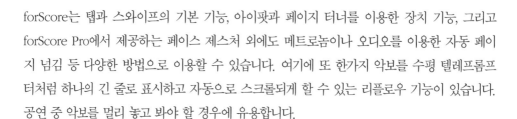

❸ 리플로우 기능

forScore는 탭과 스와이프의 기본 기능, 아이팟과 페이지 터너를 이용한 장치 기능, 그리고 forScore Pro에서 제공하는 페이스 제스처 외에도 메트로놈이나 오디오를 이용한 자동 페이지 넘김 등 다양한 방법으로 이용할 수 있습니다. 여기에 또 한가지 악보를 수평 텔레프롬프터처럼 하나의 긴 줄로 표시하고 자동으로 스크롤되게 할 수 있는 리플로우 기능이 있습니다. 공연 중 악보를 멀리 놓고 봐야 할 경우에 유용합니다.

 （따라하며 익히기） **리플로우 사용하기**

리플로우는 iPhone에서 기본적으로 사용할 수 있지만 아이패드에서는 forScore 설정 패널의 더 보기 섹션을 통해 사용하도록 활성화해야 합니다.

① 도구 버튼에서 ❶ 설정을 선택하여 창을 엽니다.

② 더 보기 섹션의 이용 편의를 탭하여 열고, 연속 배열을 활성화합니다.

③ 화면을 더블 탭하여 디스플레이 옵션을 열면 ❶ 리플로우 버튼이 추가되어 있는 것을
확인할 수 있습니다. 탭하여 실행합니다.

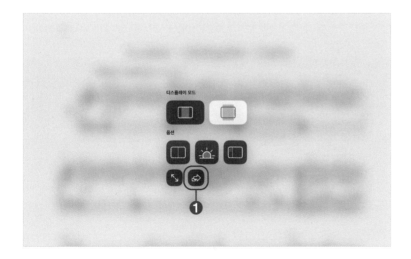

④ 악보가 수평 텔레프롬프터처럼 하나의 긴 줄로 표시됩니다. ❶ 모드 버튼을 탭하여 탐색 및 이동 중에서 선택할 수 있습니다. 탐색의 경우에는 페이지 넘기기와 동일한 방식으로 화면을 스크롤 할 수 있고, 이동 모드는 자동으로 스크롤됩니다. 화면 중앙을 탭하여 스크롤 On/Off 할 수 있고, 좌/우 공간을 탭하여 스크롤 속도를 조정할 수 있습니다.

따라하며 익히기 리플로우 편집하기

도돌이 및 달세뇨 등의 반복 구간을 위한 편집이라면 재배열에서 악보를 복사하거나 주석에서 필요 없는 구간을 지우는 등의 사전 작업이 필요합니다.

① 리플로우 모드에는 핀치 제스처가 적용되지 않으므로, 필요한 경우 ❶ 줌 버튼을 이용하여 최대 3배로 확대/축소할 수 있습니다. 종료할 때는 오른쪽 상단의 ❷ 닫기 버튼을 탭하며, ❸ 수정이 필요한 경우에는 편집 버튼을 탭합니다.

② 구역은 회색 직사각형으로 표시되며 드래그하여 위치를 조정할 수 있고, 탭하면 크기를 조정할 수 있는 **❶** 핸들이 표시되고, 다시 탭하여 **❷** 삭제 옵션을 표시할 수 있습니다. 페이지는 **❸** 이동 버튼을 탭하여 넘깁니다.

③ **❶** + 기호를 탭하여 새 영역을 추가하거나 테두리 왼쪽 상단의 **❷** 녹색 버튼을 아래쪽으로 드래그하여 2개로 분할할 수 있습니다. 필요한 경우 이전 작업을 **❸** 취소하거나 **❹** 초기화할 수 있는 버튼도 제공됩니다.

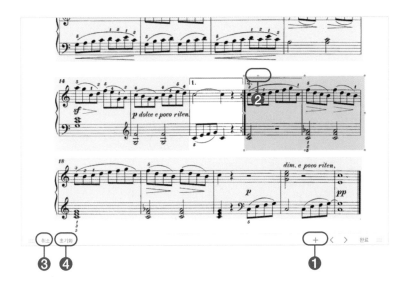

02 | 아이클라우드 동기화

① 동기화 및 백업

forScore의 동기화를 활성화하면 라이브러리와 콘텐츠(악보, 북마크, 연주목록, 메타데이터, 주석, 녹음 등)를 변경할 때 아이클라우드에 저장된 파일이 자동으로 업데이트되어 모든 장치에서 최신 상태를 유지할 수 있습니다. 여러 장치를 사용하고 있다면 반드시 필요한 설정이며, 동기화는 가장 최신 콘텐츠가 포함된 기본 장치에서 장치 버전 선호를 선택하고, 다른 장치에서 iCloud 버전 선호를 선택하는 과정으로 진행합니다.

 따라하며 익히기 **동기화**

iCloud 동기화를 통해 forScore는 자동으로 모든 기기에서 악보 라이브러리를 최신 상태로 유지할 수 있습니다.

① 도구 버튼에서 ❶ 동기화를 선택합니다.

②　❶ iCloud와 동기화를 탭하여 활성화합니다. 서버에 있는 데이터와의 충돌을 처리하는 방법을 선택할 수 있는 창이 열립니다. 일반적으로 기본 장치에서는 ❷ 장치 버전 선호를 선택하고 다른 장치에서는 iCloud 버전 선호를 선택합니다.

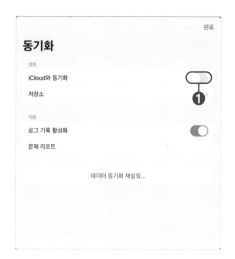 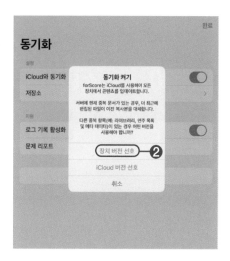

③　라이브러리를 변경하면 동기화가 자동으로 이루어지지만, 연결 유형, 서버 가용성 및 기타 요인에 따라 지연될 수 있습니다. 즉시 동기화를 시작하도록 요청하려면 ❶ 새로 고침 컨트롤이 회전하기 시작할 때까지 동기화 패널을 아래로 드래그 합니다.

④ forScore는 동기화된 문서를 iCloud에 저장하지만 Apple 장치 전체 백업은 별도의 위치에 저장되기 때문에 충분한 공간이 필요합니다. 공간 확보를 위해 forScore 문서만 동기화 하겠다면 ❶ 저장소를 탭하여 ❷ 백업하지 않음을 활성화합니다.

⑤ iCloud는 매우 편리한 서비스이지만, 자료 유출에 대한 위험도 존재할 수밖에 없습니다. 여러 사람이 함께 사용하는 기기에서는 동기화 설정을 해제하는 것이 좋으며, 최소한 ❶ 로그 기록은 활성화합니다. forScore를 사용하면서 문제가 있는 경우 ❷ 문제 리포트를 통해 지원받을 수 있고, ❸ 데이터 동기화 재설정으로 iCloud를 초기화할 수 있습니다.

![icon] 따라하며 익히기 **백업**

forScore에서 악보 및 연주목록을 삭제하면 백업 패널의 최근 삭제된 항목으로 이동되며, 필요한 경우 최대 7일 동안 복구하거나 영구적으로 지울 수 있습니다.

① 도구 버튼에서 ❶ 백업을 선택합니다.

② 최근 7일간 라이브러리 및 연주목록에서 ❶ 삭제된 항목과 잘라내기 편집으로 ❶ 업데이트된 항목을 탭하여 복구할 수 있습니다.

③ 아래쪽의 ❶ + 버튼을 탭하면 forScore 폴더의 모든 파일을 저장하는 ❷ 백업 파일과 복사본까지 포함시키는 ❸ 압축 파일을 생성할 수 있습니다.

④ 백업 및 압축 파일(4SB)은 forScore 폴더에 저장되며, 언제든 탭하여 ❶ 라이브러리 및 ❷ 설정을 복원할 수 있습니다. 파일을 다른 드라이브에 복사해두면 장치에 문제가 생겼을 때 현재 상태로 다시 되돌릴 수 있습니다.

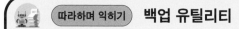

따라하며 익히기　**백업 유틸리티**

Mac 사용자는 forScore 백업 유틸리티를 사용하여 아이패드의 forScore 라이브러리를 컴퓨터에 직접 보관할 수 있습니다. 장치에 여유 공간이 충분하지 않은 경우 유용합니다.

① forScore Backup Utility는 forscore.co/backup-utility에서 **①** 무료로 다운로드할 수 있는 Mac용 앱입니다. 홈페이지 **②** extras 메뉴를 선택하여 찾을 수도 있습니다.

② 맥과 아이패드를 USB 케이블로 연결하고, 백업 창의 + 버튼을 탭하여 **①** 지금 맥으로 백업을 탭하면 압축 파일이 맥에 저장됩니다. 필요한 경우 forScore Backup Utility의 **②** Restore를 실행하여 복구하거나 **③** File Sharing으로 공유할 수 있습니다.

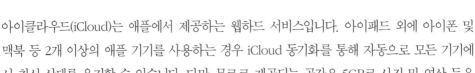

❷ 아이클라우드

아이클라우드(iCloud)는 애플에서 제공하는 웹하드 서비스입니다. 아이패드 외에 아이폰 및 맥북 등 2개 이상의 애플 기기를 사용하는 경우 iCloud 동기화를 통해 자동으로 모든 기기에서 최신 상태를 유지할 수 있습니다. 다만, 무료로 제공되는 공간은 5GB로 사진 및 영상 등을 함께 동기화 한다면 그리 넉넉한 공간이 아닙니다. 필요하다면 forScore만 동기화 또는 백업을 하거나 용량을 추가할 필요가 있습니다.

 馬好替乘 **동기화 및 백업 끄기**

애플 아이디를 만들고 iClould 동기화를 활성화하면 대부분의 파일들이 저장됩니다. 아이폰을 사용하는 경우라면 연락처를 포함해서 사진 및 영상 등 금방 용량부족 알림이 뜰 수 있습니다. 이 경우 필요 없는 앱의 동기화를 꺼서 공간을 관리할 필요가 있습니다.

1 ❶ 설정 앱을 열고, ❷ Apple ID를 선택합니다. 그리고 ❸ iClould 항목을 탭합니다.

②　iClould를 사용하는 앱에서 ❶ 모두 보기를 탭하면 동기화되고 있는 앱들을 확인할 수 있습니다.

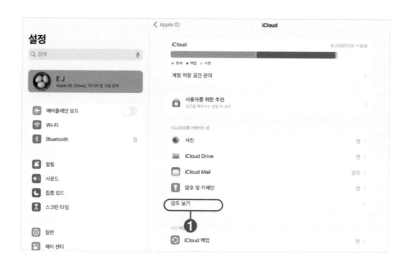

③　필요 없는 앱들의 ❶ 동기화 버튼을 꺼서 공간을 확보할 수 있도록 합니다. 켬으로 되어 있는 것은 탭하여 열어야 동기화 버튼을 볼 수 있습니다.

④ iCloud를 사용하는 앱 목록에서 ❶ 백업을 탭하여 엽니다.

⑤ 사용자 ❶ 아이패드를 탭하여 열고, 앞으로 백업하지 않을 ❷ 앱을 비활성화 합니다. 이 설정은 사용하고 있는 모든 기기에서 각각 설정을 해야 합니다.

동기화는 함께 동작되도록 한다는 의미입니다. 아이패드에서 파일을 지우면 아이클라우드에서도 지워진다는 것에 주의합니다. 동기화를 활성화한 앱은 반드시 백업도 활성화합니다.

馬好替乘 # 용량 추가하기

동기화 및 백업을 꺼도 무료 5GB가 부족한 경우에는 유료 iClould+로 업그레이드할 필요가 있습니다. 50GB에서 최대 12TB까지 추가할 수 있는데, 저렴한 요금은 아니므로 처음부터 큰 용량보다 부족할 때마다 한 단계씩 업그레이드하는 것이 좋습니다. 오래된 사진이나 영상은 USB 메모리나 외장 하드로 백업을 하고, 최신 자료만 동기화 시키는 것이 현명할 수도 있습니다.

① 설정 앱에서 ❷ Apple ID를 선택하고, ❷ Clould 항목을 탭하여 엽니다. 그리고 ❸ 계정 저장 공간 관리를 탭합니다.

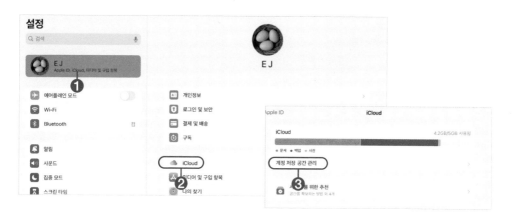

② ❶ 저장 공간 요금제 변경을 탭하면 필요한 용량을 선택하여 ❷ iCloud+로 업그레이드할 수 있습니다.

 **멤버들과 함께쓰기**

친구들과 팀을 만들어 활동하는 경우라면 멤버 전용 애플 아이디를 만들어 공동 분담으로 아이클라우드를 함께 쓰는 방법도 좋습니다. 애플은 한 기기당 최대 3개의 Apple ID를 만들 수 있으며, 본인을 포함하여 최대 6명이 함께 공유할 수 있습니다.

① 설정 앱에서 ❶ Apple ID를 선택하고, ❷ 가족 공유 항목을 탭합니다.

② ❶ 다른 사람 초대 항목을 탭하고, 에어드롭, 메시지, 메일 또는 애플 계정을 등록하여 ❷ 직접 초대할 수 있으며, 추가된 맴버들은 iClould를 함께 공유할 수 있습니다.

맥에서 악보 및 음악 추가하기

맥에 보관하고 있던 악보나 음악을 AitDrop 및 Handoff 기능을 이용하여 아이패드로 공유하는 방법도 있지만, 파인더 및 음악 앱을 실행하여 직접 접근하는 것이 편할 때가 있습니다. 특히, 사용자가 가지고 있는 음악을 애플 뮤직 보관함에 담으려면 맥에서 제어하는 방법밖에 없습니다.

맥에서 forScore를 제어하려면 파인더 사이드 바에서 ❶ 사용자 아이패드를 선택하고, ❷ 파일 탭에서 ❸ forScore 왼쪽의 작은 삼각형을 클릭합니다. 아이패드에 저장되어 있는 악보 및 연주목록을 모두 볼 수 있으며, 맥에 있는 악보를 직접 드래그하여 추가하거나 마우스 오른쪽 버튼을 클릭하여 삭제할 수 있습니다.

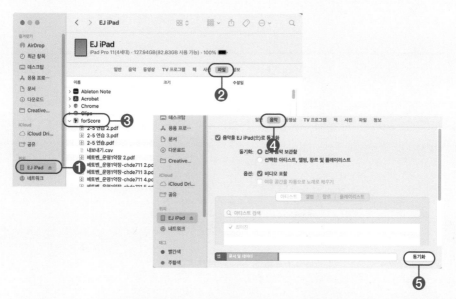

아이패드 음악 보관함에 사용자가 가지고 있는 음악을 추가하려면 맥에서 음악 앱을 열고, 플레이 리스트에 드래그하여 가져다 놓습니다. 그리고 음악 앱의 동기화 설정을 클릭하거나 forScore에 접근할 때와 마찬가지로 파인더에서 아이패드를 선택하고 ❹ 음악 탭에서 ❺ 동기화 시키면 됩니다.

LESSON 03 | 지원 및 설정

❶ 환경 설정

설정 메뉴는 forScore의 작업 환경을 사용자 스타일에 어울리게 변경할 수 있는 다양한 옵션을 제공합니다. 기본 설정만으로도 forScore를 사용하는데 큰 문제는 없겠지만, 개인 마다 작업 스타일이 다를 수 있으므로, 자신에게 어울리도록 환경을 변경하면 forScore를 보다 효율적으로 사용할 수 있습니다.

따라하며 익히기 일반 설정

❶ 설정은 도구 버튼에서 선택하여 열 수 있으며, 일반, 탐색, 인터페이스, 메타데이터, 주석, 더보기 섹션으로 구성되어 있습니다.

설정 창의 일반 섹션에는 자동 잠금, 검색, 장치, MIDI, forScore Pro 항목이 있습니다.

● **자동 잠금** : 옵션을 비활성화 하면 forScore가 열려 있는 동안 장치가 자동으로 잠기는 것을 방지합니다.

● **검색** : 컨트롤 바의 ❶ 검색 버튼을 탭하여 창을 열 때 표시되는 결과 종류, 순서, 나열되는 최근 항목 수 등을 조정합니다.

최근 항목 표시 : 검색 창 상단에 표시되는 최근 항목 수를 결정합니다.
검색 결과 : 특정 결과 유형을 선택하거나 취소하고 3줄로 표시되어 있는 ❷ 핸들을 드래그하여 순서를 변경할 수 있습니다.
제목에 대한 PDF 텍스트 검색 : 북마크를 생성할 때 제목 필드에 텍스트를 입력하면 PDF 파일 내에서 해당 텍스트의 발생을 기반으로 페이지 번호 제안을 제공할 수 있습니다.

● **장치** : AirTurn PED 또는 IKMultimedia BlueBoard 등의 페이지 터너, Bluetooth MIDI 기기 및 AirPods와 같은 액세서리에 연결합니다. AirPods를 사용하고 있다면 제스처 기능을 활성화 할 수 있습니다.

● **MIDI** : 메타데이터에서 MIDI 정보를 입력한 악보를 열 때 미디 명령을 보내고 받는 기능을 활성화 하거나 피아노 키보드를 신디사이저로 사용할 것인지를 선택합니다.

명령 전송 : 악보를 열 때마다 해당 악보에 추가한 미디 신호를 보낼 수 있도록 합니다.
바로가기 받기 : 미디 악기에서 미디 신호를 수신할 수 있도록 합니다.
신디사이저 : 피아노 사운드를 재생할 수 있도록 허용합니다.

MIDI 네트워크 설정 : 동일 네트워크 MIDI 세션에 연결합니다.
Bluetooth MIDI 기기 : Bluetooth LE 지원 MIDI 장치에 연결합니다.

● **forScore Pro** : 월 4,400원 또는 년 12,500원의 구독으로 고급 기능이 추가된 forScore Pro 버전으로 업그레이드 합니다.

탐색 섹션은 다음, 제스처, 페이지 넘기기 및 바로가기, 페이지 전환, 악보 전환, 위/아래로 스크롤, 2쪽 모드에서 넘길 쪽수 항목으로 구성되어 있습니다.

● **다음** : 현재 악보의 마지막 페이지에 도달하면 ❶ 화면 오른쪽 상단에 대기 중인 다음 악보의 제목이 표시되게 합니다.

● **제스처** : 탭 및 스와이프 동작을 사용자 스타일로 구성할 수 있습니다.

GENERAL

스와이핑 컨트롤 : 스와이핑으로 페이지 넘기기를 사용하고 싶지 않을 때 Off 합니다.

탭 컨트롤 : 탭으로 페이지 넘기기 On/Off

두 번 탭 : 보기 옵션 또는 컨트롤 바 보기 중에서 화면을 두 번 탭할 때 열리게 할 것을 선택합니다.

두 손가락으로 한 번 탭 ~ 세 손가락으로 탭하고 누르십시오

각 제스처로 동작되게 할 메뉴를 선택합니다. 탭하고 누른 채로 있기 기본 설정은 주석 막대가 열리도록 되어 있으며, 작업은 질문, 검색, 메타데이터 중에서 선택할 수 있습니다.

메뉴 : 악보, 북마크, 연주목록, 메타데이터, 검색, 메트로놈, 피치, 조율기, 도구

탐색 : 반쪽 넘기기, 2쪽 모드, 이전 악보, 새 악보, 새 탭, 이전 탭, 다음 탭, 뒤로 이동,
　　　　지금 재생 중, 보관함에서 보기

오디오 : 오디오 재생, 오디오 일시정지, 오디오 되감기

작업 : 메트로놈, 분석, 새 북마크, 페이지에 플래그 지정, 가져오기, 공유

도구 : 주석, 링크, 버튼, 새배열, 잘라내기, 피아노, 녹음, 수행, 정보전달

주석 모드

주석을 입력할 때 **되돌리기** 및 **다시 하기**를
두 손가락 또는 세 손가락으로 한 번 탭하여
실행할 수 있게 합니다.

주석 모드
● ●　되돌리기
●●　다시 하기

SHORTCUTS
●　상단 모서리

SHORTCUTS

상단 모서리 : 상단 오른쪽을 탭하면 도구 버
튼이 활성화되고, 상단 왼쪽을 탭하면 스코어
버튼이 활성화되게 합니다.

● **페이지 넘기기 및 바로가기** : 키보드 단축키, MIDI 신호, 페이지 터너, 애플 팬슬의 두 번 탭 또는 Apple Pencil Pro의 스퀴즈 동작을 사용하여 특정 작업을 실행합니다.

주석을 다는 동안 페이지 넘기기 : 주석 모드
에서 Navigation의 이전 및 새 페이지 컨트롤
을 할 수 있게 합니다.

구성 재설정 : 설정을 초기화 합니다.

‹ 설정　　　　페이지 넘기기 및 바로가기　　　　닫기

주석을 다는 동안 페이지 넘기기

구성 재설정...

Navigation, 라이브러리, 편집, 오디오, 탭, 유틸리티, 도구, 제어기, 연속 배열, 자동화(forScore Pro)에서 원하는 ❶ 항목을 선택하고, 키보드, MIDI 컨트롤러, 페달 밟기, 애플 펜슬 더블 탭 및 스퀴즈를 실행하여 할당할 수 있습니다.

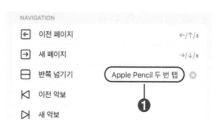

● **페이지 전환** : 페이지를 넘길 때 사용되는 전환 애니메이션을 선택합니다.
● **악보 전환** : 라이브러리 또는 연주목록에서 악보를 볼 때 한 악보의 끝에서 다음 악보의 시작으로 진행할 수 있게 합니다.
● **위/아래로 스크롤** : 가로 방향으로 사용할 때 페이지의 1/2 또는 1/3만큼 위/아래로 스크롤합니다.
● **2쪽 모드에서 넘길 쪽수** : 2쪽 모드를 사용할 때 한 번에 1페이지 또는 2페이지를 넘길지 선택합니다.

따라하며 익히기 **인터페이스 설정**

인터페이스 섹션은 상태 바 표시, 제어기, 테마 항목으로 구성되어 있습니다.

● **상태 바 표시** : forScore를 사용하는 동안 화면 상단에 타임 및 배터리 정보 등의 ❶ 시스템 상태 표시줄을 표시할지 여부를 제어합니다.

● 제어기 : 제목 표시줄이 닫힐 때 탐색 표시줄이 숨겨지는 것을 방지하고, 단일 탭이 열릴 때 탭 표시줄을 표시하고, 제목 표시줄의 작동 방식을 제어합니다.

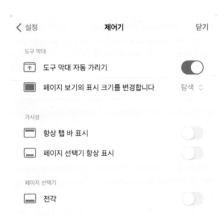

컨트롤 바 : 컨트롤 바 자동 가리기 및 페이지 보기의 표시 크기를 크기에 맞게 조정되게 할 것인지를 설정합니다.
가시성 : 화면 아래쪽에 탭 바 또는 페이지 선택기를 항상 표시할 것인지 선택합니다.
전각 : 화면 아래쪽에 페이지 선택기를 가로로 채울 것인지 선택합니다.

● 테마 : 인터페이스의 모양과 색상 및 밝기를 조정합니다.
색상 : 기본 인터페이스 색상을 변경하거나 내장 테마 목록을 선택합니다.
테마 : 밝은 모드, 어두운 모드를 사용하거나 시스템 설정을 따르도록 선택합니다.
아이콘 크기 : 아이콘과 버튼에 대해 굵거나 (Bold) 일반(Regular) 스타일을 선택합니다.
밝기 감소 : 어두운 모드를 사용할 때 페이지를 어둡게 하여 저조도 환경에서 대비를 줄일 수 있습니다.

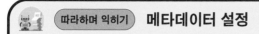
메타데이터 섹션은 악보 메뉴에 북마크 포함, 외부 오디오 사용, 정렬, PDF 주석 항목으로 구성되어 있습니다.

● **악보 메뉴에 북마크 포함** : 북마크는 일반적으로 북마크 메뉴 자체와 악보 메뉴의 다른 파일 옆에 표시됩니다. 악보 메뉴에서 북마크를 숨기려면 옵션을 비활성화합니다.

● **외부 오디오 사용** : forScore가 시작되면 iOS의 공유 오디오 시스템이 현재 사용 중인지 확인합니다. 옵션을 활성화하면 해당 트랙의 재생을 제어하여 연결된 트랙을 일시적으로 무시할 수 있습니다.

● **정렬** : 작곡가, 악보 및 북마크를 정렬하는 방법을 조정합니다.

이름으로 작곡가 정렬 : 마지막 단어 대신 작곡가 값의 첫 번째 단어를 기준으로 알파벳순으로 정렬합니다.

스마트 정렬 : 항목, 연주목록, 카테고리 정렬에서 "the", "a" 또는 "an"과 같은 일반적인 접두사를 무시합니다.

● **PDF 주석** : 그림, 하이퍼링크, 텍스트, 모양, 표시, 기타 보기 및 작성자 메모 인터렉티브 등 PDF 문서에 포함할 주석을 선택합니다. 기본적으로 모두 선택되어 있으므로, 사용하고 싶지 않은 주석을 해제하는 목적입니다.

‹ 설정	**PDF 주석**	닫기
보기		
그림		✓
하이퍼링크		✓
텍스트		✓
모양		✓
표시		✓
기타		✓

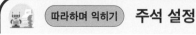

따라하며 익히기　주석 설정

주석 섹션은 투업 모드 종료, Apple Pencil, 주석 툴, 변수 너비 항목으로 구성되어 있습니다.

● **투업 모드 종료** : 투업 모드를 사용하는 경우 forScore가 일시적으로 일업 모드로 돌아가서 주석을 작성하는 동안 현재 페이지를 확대해야 하는지 여부를 제어합니다.

● **Apple Pencil** : 애플 펜슬을 사용할 때 주석 작동 방식을 조정합니다.
주석 모드로 자동 전환 : 주석 모드가 아니어도 언제든지 그리기를 시작할 수 있습니다.
주석 모드 자동 끝내기 : forScore가 작업을 저장하고 잠시 동안 활동이 없으면 주석 모드를 종료할 수 있습니다.
손가락 그리기 방지 : 실수로 입력되는 것을 방지하기 위해 손가락 그리기를 제한합니다.
변수 너비 : 기울기 또는 압력에 따라 그리기 너비를 늘릴지 여부를 선택하고 선택적으로 곡선 그리기의 고급 방법을 활성화합니다.
툴 변경 : 애플 펜슬의 두 번 탭 제스처는 현재 활성화된 주석 막대를 제어할 수 있으며 기본적으로 주석 모드에 있는 동안에만 작동합니다. 제스처가 항상 작동하도록 하려면 옵션을 언제든지로 변경합니다. 단, 페이지 넘기기 및 바로가기 패널에서는 구성할 수 없습니다.

● **주석 툴** : 주석 세션 사이에 마지막으로 사용한 사전 설정을 저장하는 방법을 제어합니다.
툴 선택 기억 : 마지막으로 사용한 주석 막대를 저장하는 것을 허용하거나 방지합니다.
기본 툴 : 주석 모드에 들어갈 때 항상 선택될 특정 도구를 선택합니다. 이 섹션에서 항목을 선택하면 이전 섹션은 적용되지 않습니다.

스페이스를 두 번 눌러 마침표 추가 : iOS는 텍스트 필드에 공백 두 개를 입력하면 자동으로 마침표를 추가합니다. forScore의 텍스트 주석 막대를 사용하는 동안 해당 동작을 방지하려면 옵션을 비활성화합니다.

● **변수 너비** : 속도나 압력 및 기울기를 기반으로 그림을 강조하는 정도를 조정합니다.

따라하며 익히기 **더 보기 설정**

더 보기 섹션은 이용 편의, 앱 아이콘, 앱 내 구입, 고급 옵션, 제한, 초기화 항목으로 구성되어 있습니다.

더 보기		
👤 이용 편의		>
⬜ 앱 아이콘		>
◇ 앱 내 구입		>
🔧 고급 옵션		>
🔒 제한	끔	>
⊗ 초기화	초기화...	

● **이용 편의** : 특정 기능을 활성화 또는 비활성화하고, 앱 색상을 변경하고, 링크 및 버튼 크기를 조정하거나 메트로놈 사운드를 사용자 정의합니다.
● **앱 아이콘** : forScore의 앱 아이콘을 변경합니다.
● **앱 내 구매** : forScore 매장을 통해 구매한 모든 다운로드 가능한 콘텐츠에 액세스합니다.
● **고급 옵션** : 고급/이전 설정에 액세스하고 지원이 제한되어 향후 업데이트에서 제거될 수 있는 폐기된 기능을 일시적으로 다시 활성화합니다.
● **제한** : 비밀번호를 설정하고 특정 기능을 숨깁니다.
● **초기화** : 설정, 스탬프, 그리기 프리셋, 라이브러리를 초기화합니다.

② 지원 받기

forScore를 사용하면서 문제가 발생했을 때 제작사에 도움을 받을 수 있습니다.

① 도구 버튼에서 **❶** 지원을 탭합니다.

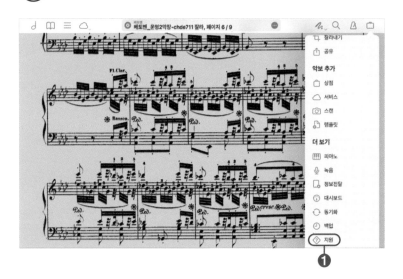

② forScore를 사용하면서 문제가 발생한 경우 **❶** Feedback & Support를 탭하여 메일로 도움을 받을 수 있습니다. 그 외, 사용자 가이드, 새 소식 등의 다양한 정보를 얻을 수 있는 메뉴로 구성되어 있습니다.

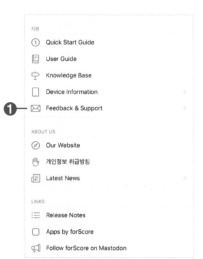

정보 전달

forScore의 인기 있는 원격 제어 프로토콜을 기반으로 하는 Cue를 사용하면 하나의 장치에서 최대 15개의 다른 주변 장치에 대한 간편한 무선 페이지 전환, 프로그램 변경 및 원격 모니터링이 가능합니다.

forScore Cue는 앱 스토어에서 구매할 수 있으며, 팔로워로 사용하고자 하는 아이패드에 설치를 합니다. 리더로 사용할 장치의 도구 버튼에서 ❶ 정보전달을 선택하면 Wi-Fi 및 Bluetooth로 연결된 팔로워 아이패드를 동시에 컨트롤할 수 있습니다.

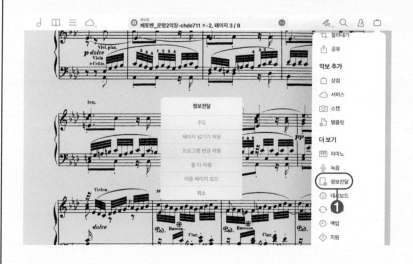

주도 : 리더 화면을 팔로워 장치에 그대로 표시합니다.

페이지 넘기기 허용 : 팔로워 장치에서 페이지 넘기기를 허용합니다.

프로그램 변경 허용 : 악보 및 북마크를 열거나 한 곡의 끝에서 다음 곡의 시작 부분으로 넘기는 프로그램 변경을 허용합니다.

둘 다 허용 : 페이지 넘기기와 프로그램 변경 둘 다 허용합니다.

이중 페이지 모드 : 팔로워 장치에 다음 페이지가 표시되어 두 장치를 나란히 놓고, 두 페이지 보기로 사용할 수 있습니다.

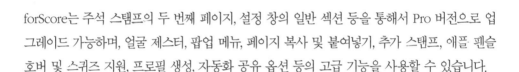

LESSON 04 | forScore Pro

❶ 업그레이드

forScore는 주석 스탬프의 두 번째 페이지, 설정 창의 일반 섹션 등을 통해서 Pro 버전으로 업그레이드 가능하며, 얼굴 제스터, 팝업 메뉴, 페이지 복사 및 붙여넣기, 추가 스탬프, 애플 펜슬 호버 및 스퀴즈 지원, 프로필 생성, 자동화 공유 옵션 등의 고급 기능을 사용할 수 있습니다.

따라하며 익히기 · 얼굴 제스처

forScore Pro는 구독형으로 업그레이드된다는 치명적인 단점이 있어서 권장하기는 어렵습니다. 다만, 사용자에 따라 그만한 값어치를 하는 기능이 있을 수 있습니다.

① forScore Pro는 업그레이드는 여러 위치에서 액세스할 수 있지만, 가장 쉽게 찾을 수 있는 위치는 설정 패널입니다. 도구 버튼에서 ❶ 설정을 선택합니다.

②   일반 섹션의 **❶** forScore Pro를 탭하여 창을 열고, 매년 또는 한 번(30일)을 탭하여 구매합니다. **❷** 한 번 사용해보고 꼭 필요한 기능이 있는지 경험을 해본 다음에 매년 구독 여부를 결정할 것을 권장합니다.

③   forScore Pro 업그레이드를 고려하는 사람들의 대부분이 피아노 연주자입니다. 스와이핑이나 탭으로 페이지를 넘기는 기본 기능은 사실 연주자에게 무의미하기 때문에 일반적으로 페이지 터너 패달을 많이 사용합니다. 하지만, 이것도 피아노 연주자에게는 불편하기 때문에 **❶** 페이스 제스처가 가능한 Pro 버튼을 고려하는 것입니다.

팝업 메뉴의 고정된 툴은 도구 메뉴를 누르고 있으면 열리는 핀을 선택하여 추가할 수 있습니다.

④ 모드 항목에서 어떤 ❶ 제스처로 페이지를 넘길 것인지 선택합니다. 이는 디스플레이 옵션에서 언제든 변경 가능하므로, 처음에는 머리 회전, 입의 움직임, 윙크 각각을 선택하여 칼리브레이트 해 놓는 것이 좋습니다.

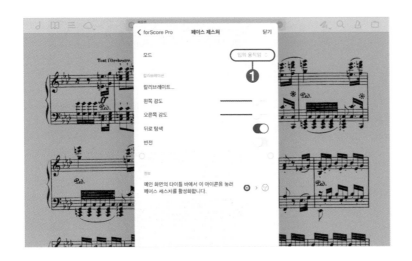

⑤ 실제 연주 위치에서 머리 회전, 입을 좌/우로 삐죽거리는 움직임, 윙크 각각 테스트를 해보면서 가장 반응이 좋은 ❶ 감도를 설정합니다. 반응도는 ❷ 양쪽에 깜빡이는 원을 보고 판단할 수 있습니다.

⑥ 머리 회전 및 윙크 제스처는 이전 페이지로 이동이 안 되게 하는 ❶ 뒤로 탐색 옵션과 좌/우 움직임을 반대로 적용하는 ❷ 반전 옵션을 사용할 수 있습니다.

⑦ 입의 움직임 제스처는 왼쪽과 오른쪽 감도를 각각 조정할 수 있으며, 정확한 인식을 위한 ❶ 칼리브레이트를 진행할 수 있습니다.

⑧ 칼리브레이트를 탭하면 얼굴 인식, 입술의 왼쪽과 오른쪽 움직임 정도를 보다 정확하게 조정할 수 있습니다. 이때도 실제 연주 위치에서 진행해야 합니다.

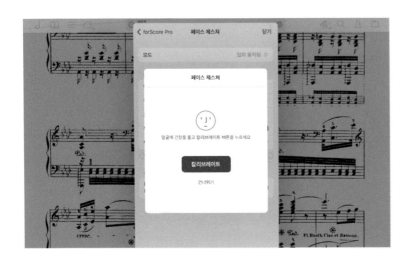

⑨ 페이스 제스처는 언제든 화면을 더블 탭하면 열리는 디스플레이 옵션에서 ❶ 제스처 아이콘 탭하여 On/Off 할 수 있으며, 버튼을 누르고 있으면 열리는 메뉴를 이용하여 모드를 변경할 수 있습니다.

馬好替乘 **팝업 메뉴**

컨트롤 바의 버튼에서 팝업 메뉴를 사용할 수 있어 각 버튼과 관련된 일반적인 작업을 빠르게 수행할 수 있습니다.

① 버튼을 누른 상태에서 아래쪽으로 쓸어 내리면 관련 작업을 빠르게 수행할 수 있는 ❶ 팝업 메뉴가 열립니다. 그 상태로 원하는 메뉴 위로 이동하여 손을 떼면 실행됩니다.

② 주석 모드에서도 ❶ 팝업 메뉴를 사용하여 레이어 전환, 선택 도구 모드 변경, 그리기 사전 설정과 스탬프, 모양 및 지우개 도구의 크기 등을 조정할 수 있습니다.

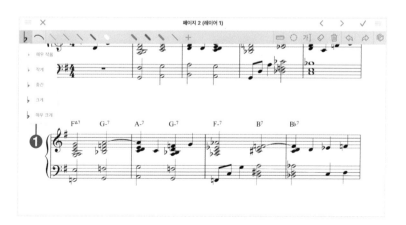

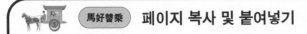

馬好替乘 **페이지 복사 및 붙여넣기**

레이어의 모든 주석과 페이지 자체의 내용을 복사할 수 있는 PDF 레이어를 지원합니다. 마디를 이동하거나 페이지 간에 복사가 가능한 것으로 교육자에게 매우 유용합니다.

① 주석 모드의 ❶ 레이어 버튼을 탭하여 ❷ PDF 레이어를 선택합니다. 팝업 메뉴를 이용하여 선택할 수도 있습니다.

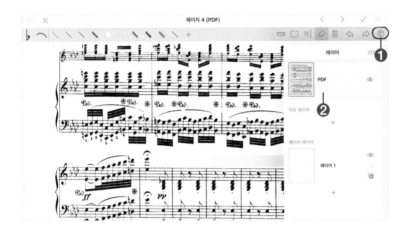

② ❶ 선택 도구를 이용하여 특정 범위를 선택하고 ❷ 잘라내기 및 복사 명령을 실행합니다. 다른 페이지 또는 다른 악보에 PDF 원본 내용을 붙여 넣을 수 있습니다.

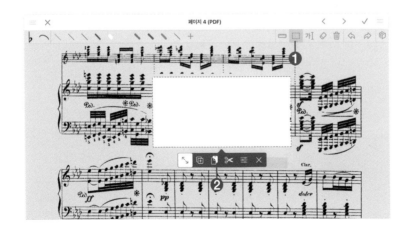

forScore Pro 버전에서는 스탬프의 두 번째 페이지를 사용할 수 있으며, 대부분 주석 요구 사항에 맞는 다양한 옵션을 제공합니다.

① 주석 모드의 **❶** 스탬프 버튼을 탭하여 열고, 오른쪽에서 왼쪽으로 스와이프하면 악보에서 실제로 많이 사용되는 기호를 사용할 수 있는 Pro 페이지를 열 수 있습니다.

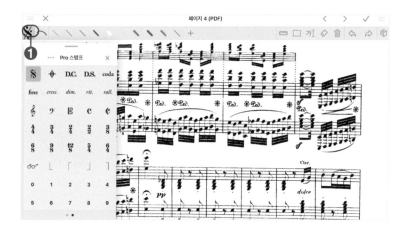

② Pro 스탬프에서 자주 사용하는 기호가 있다면 상단에 점 3개로 표시되어 있는 **❶** 설정 버튼을 탭하여 개인 컬렉션에 **❷** 복사할 수 있습니다.

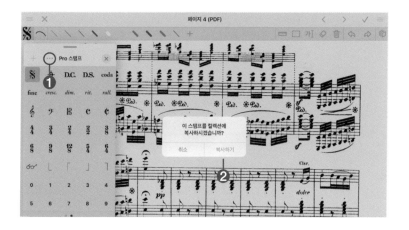

 **애플 펜슬 호버**

애플 펜슬 호버 감지를 지원하는 아이패드에서 사용자 정의 가능한 핀치, 스와이프 및 탭 제스처를 사용하여 사전 설정 크기를 조정하거나 순환하고, 그림을 실행 취소 또는 다시 실행하거나 회전식 사전 설정 선택기를 표시할 수 있습니다.

① 도구 버튼을 탭하여 메뉴를 열고, ❶ 설정을 선택하여 창을 엽니다.

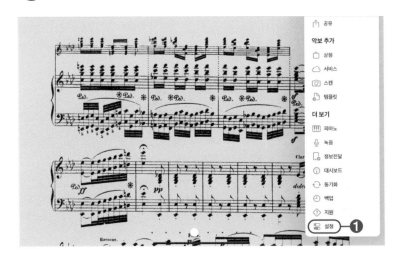

② 설정 창의 주석 섹션에서 ❶ Apple Pencil을 선택하면 Pencil 호버 섹션을 볼 수 있으며, ❷ 미리보기 보기의 사용 여부를 결정할 수 있습니다.

② 애플 펜슬 호버 미리보기는 애플 펜슬을 화면 가까이 가져갔을 때 마지막으로 선택했던 ❶ 스타일을 표시하는 역할을 하며, 활성화되면 탭하기, 손가락 오므리기 및 왼쪽/오른쪽으로 쓸어 넘기기 옵션을 사용할 수 있습니다.

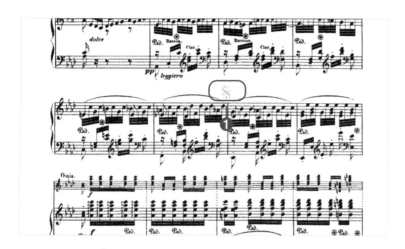

● 탭하기 : 호버 상태에서 화면을 탭할 때 또는 Apple Pencil Pro의 스퀴즈 동작으로 ❶ 스타일 선택기를 열거나 닫을 것인지 또는 되돌리기를 실행할 것인지를 선택할 수 있습니다.

● 손가락 오므리기 : 핀치 동작으로 도구의 크기를 조절할 수 있게 합니다.

● 왼쪽/오른쪽으로 쓸어넘기기 : 스와이핑 동작으로 실행 취소 및 실행 복귀 또는 스타일을 변경할 수 있게 합니다.

❷ 구독 관리

forScore는 자동 갱신 없이 30일 동안 forScore Pro 기능을 잠금 해제하는 30일 패스 서비스를 제공합니다. 한 번 결제를 했다면 별다른 조치를 하지 않아도 자동으로 갱신되지 않기 때문에 콘텐츠에 가입을 했다가 깜빡하고 결제가 되는 실수를 피할 수 있는 것입니다. 하지만 년간 결제를 했다면 구독을 취소해야 자동 갱신이 되지 않습니다.

 따라하며 익히기 **자동화 옵션**

악보, 북마크 또는 연주목록을 공유할 때 자동화 옵션을 사용하면 악보 및 페이지 URL을 쉽게 복사하여 원하는 곳에 저장할 수 있습니다.

① forScore Pro에서 제공하는 자동화 옵션을 이용하면 연습을 할 때는 물론, 교육 자료를 만들어 공유할 때 매우 유용합니다. 도구 버튼에서 ❶ 공유를 선택합니다.

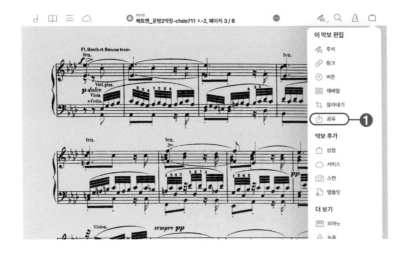

② Pro 버전에 추가된 자동화를 탭하면 페이지 또는 악보 링크를 복사할 수 있습니다. 복사한 링크는 어디든 붙여 넣을 수 있습니다. 아이패드에서 기본적으로 제공하는 메모장을 이용하겠습니다.

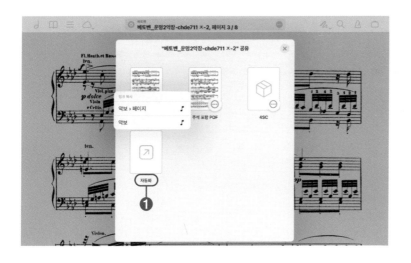

③ 화면 오른쪽 모서리를 쓸어 올려 메모장을 엽니다. 작업 공간을 누르고 있으면 열리는 메뉴에서 ❶ 링크 추가를 선택합니다.

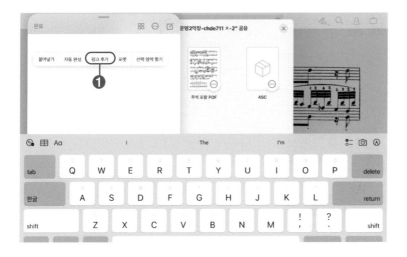

④ 다음으로 변경 항목을 탭하면 열리는 메뉴에서 ❶ 붙여 넣기를 선택하면 앞에서 복사한 링크가 추가되는 것을 확인할 수 있습니다. ❷ 이름을 입력하고 ❸ 완료합니다.

⑤ 추가된 ❶ 링크를 탭하여 forScore 악보를 열거나 페이지를 이동할 수 있습니다. 교육 자료나 프레젠테이션 또는 합주 및 연습을 할 때 매우 유용하게 사용될 수 있습니다.

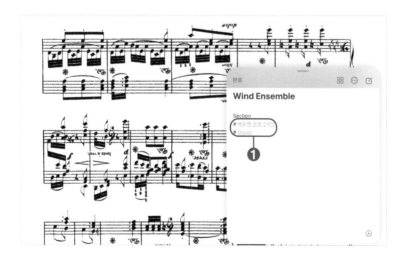

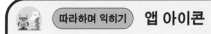
forScore Pro를 구독할 때 사용할 수 있는 다양한 기능들을 살펴보았습니다. 교육자에게 충분한 가치가 있는 PDF 레이어 및 자동화 공유 기능과 연주자에게 가치가 있는 페이스 제스처 등이 있지만, 누구에게나 가치가 있는 것은 아닙니다. forScore 가격 정도의 일회성 결제라면 무조건 권장을 하겠지만, 구독형은 30일 동안 충분히 사용을 해보고 결정하길 바랍니다.

(1) forScore Pro는 ❶ 앱 아이콘을 변경하여 홈 화면을 꾸밀 수 있습니다. 별거 아니지만, 재미있는 기능입니다.

(2) 30일 사용을 해보고 계속 쓰겠다면 년간 구독으로 업그레이드를 하고, 언제라도 설정 앱에서 ❶ 애플 아이디 페이지의 ❷ 구독 항목에서 취소할 수 있습니다.

EJ 스튜디오

편곡 및 녹음

음악의 최종 결과물을 결정하는 주요 요소는 편곡과 레코딩입니다. 풍부한 경험과 기술력으로 당신의 창작물을 최고의 작품으로 만들어줍니다.

믹싱과 마스터링

레코딩, 오디오 편집, 믹싱, 마스터링 음원 제작의 시작부터 끝까지 모든 작업을 의뢰인과 함께 충분한 상담을 거쳐 진행합니다.

학원 선택

누구에게 배울 수 있는지가 제일 중요합니다! 전 세계 유일의 특허 화성학 저자 최이진에게 직접 배울 수 있는 곳입니다.

전화 : 02-887-8883

위치 : 서울대입구역(2호선)